Hameln
Ubi bene ibi patria

Gudrun Keindorf

Kleines Göttingen-ABC

Fotografien von Günter Pump

BRUDERTREFFEN 15.08.2011

Husum

Einleitung

Franciscus Lubecus (1533–1595), seines Zeichens langjähriger Pfarrer an der →*Johanniskirche*, war äußerst interessiert an Geschichte, bot sie ihm doch Gelegenheit, „den Lauf der Welt" und Gottes Wirken darin zu erforschen. Seine „Göttinger Annalen" reichen „von den Anfängen bis zum Jahr 1588". Er ist sich sicher, dass der Volkstamm der Goten etwas mit der Stadtgründung zu tun hat. Um die Mitte des 5. Jahrhunderts erreichen Menschen „in disse land mit den Gothiern, do habe sie nach den Gothis die stad Gottingen erbauwet", so schreibt er in der zeittypischen Mischung aus Nieder- und Hochdeutsch. Spätere Schreiber widersprachen dem heftig. Sie bemühten wahlweise heidnische Götter oder auch den christlichen Gott, der der Stadt „Gutes" tat, um den Namen zu erklären. Und das „Gute" scheint, lautmalerisch betrachtet, gar nicht so abwegig zu sein,

Ausschnitt einer Abbildung im Turm der Johanniskirche, Blick auf Rathaus, Markt, Stadt und Hainberg

denn die Ersterwähnung 953 nennt die Siedlung „Gutingi". Die moderne Sprachforschung übersetzt das Wort mit „Siedlung am Wasserlauf". Die Gote floss vom östlichen →*Hainberg* und diente dem frühmittelalterlichen Dorf als Wasserversorgung. Archäologische Ausgrabungen zwischen Langer und Kurzer Geismarstraße ergaben, dass das Dorf wesentlich älter war als der erste schriftliche Hinweis darauf.

In der zweiten Hälfte des 12. Jahrhunderts erfolgte die Neugründung einer Marktsiedlung, durch die eine Fernhandelsstraße führte, heute die Weender Straße. Der Name ging vom Dorf auf die Stadt über und verwandelte sich von Gutingi zu Göttingen. Handwerk und Handel ließen die Stadt aufblühen, um 1270 wurde das →*Alte Rathaus* gebaut, 1351 war sie Mitglied der Hanse. Schätzungen gehen für diese Zeit von etwas 6000 Bewohnern aus. Kriege und Seuchen dezimierten die Bewohnerzahl bis 1700 um die Hälfte.

Es ist dem hannoverschen Rat Gerlach Freiherr von Münchhausen zu verdanken, dass 1737 die →*Georg-August-Universität* gegründet wurde. Was dadurch entstand, war eine einmalige Mischung, eine kleinstädtische Weltstadt, die führende Aufklärungsuniversität inmitten einer noch fast mittelalterlich wirkenden Bürgerschaft – Kulturschocks auf beiden Seiten inbegriffen.

Heinrich Heine, der bekanntlich nur über das spottete, das er liebte, schrieb 1824 in seiner „Harzreise": „Die Stadt Göttingen, berühmt durch ihre Würste und Universität ... gefällt einem am besten, wenn man sie mit dem Rücken ansieht."

Lokalpatrioten zitieren darum lieber August Ludwig von Schlözer, der um 1800 feststellte: „Extra Gottingam non est vita. Si est vita, non est ita – Außerhalb Göttingens gibt es kein Leben. Wenn es ein Leben gibt, ist es nicht das gleiche."

Statistische Daten können nur wenig aussagen über den speziellen Reiz der Universitätsstadt, sie will entdeckt werden. Wie dichtete doch die französische Sängerin Barbara 1964 im Garten des →*Jungen Theaters*?

„Na ja, dort gibt es keine Seine. Und auch nicht den Wald von Vincennes. Doch schöne Orte, die ich kenne in Göttingen, in Göttingen."

Accouchierhaus

Ganz im Sinne der Aufklärung bemühte sich die medizinische Fakultät der Universität um Forschung „zum Besten der Menschen". Bereits 1751 wurde das städtische Hospital St. Crucis zur universitären Gebärklinik eingerichtet. Die „Königliche Entbindungsanstalt an der Universität Göttingen" litt zunehmend unter beengten Verhältnissen. 1785–1791 errichtete der Universitätsbaumeister Georg Heinrich Borheck an deren Stelle einen spätbarocken-klassizistischen Neubau. Ende des 18. Jahrhunderts war man davon überzeugt, dass „Miasmen" (schlechte Luft) Krankheiten übertragen würden. Daher entschied man sich, mit breiten Fluren und großen Fenstern für eine gute Durchlüftung des Gebäudes zu sorgen. Im Inneren dominiert ein imposantes Treppenhaus, das mit Galerien um das runde Foyer herum geführt ist. Dieses Foyer wird durch einen verglasten Dachaufsatz mit Tageslicht versorgt. Im Erdgeschoss waren Wirtschaftsräume untergebracht, im ersten Obergeschoss lagen Entbindungs- und Vorlesungssaal sowie Zimmer für die Wöchnerinnen. Im zweiten Obergeschoss befanden sich die Wohnung des Direktors und separate Zimmer für die „Standespersonen" unter den Wöchnerinnen.

Das imposante Treppenhaus wird mit Galerien um das runde Foyer geführt. Ein gläserner Dachaufsatz sorgt für reichlich Tageslicht. Heute befindet sich hier das musikwissenschaftliche Seminar der Universität.

Es waren vor allem ledige Schwangere ohne familiäre Unterstützung, die das Accouchierhaus – der Name leitet sich vom französischen „accoucher"/entbinden ab – aufsuchten. Der Preis, den sie für die medizinische Versorgung zahlen mussten, bestand nicht aus klingender Münze. Studenten und Hebammenschülerinnen übten sich an den Patientinnen. Nicht jeder Eingriff war medizinisch wirklich notwendig.

1894–96 wurde an der Humboldtallee eine neue Frauenklinik errichtet und das Accouchierhaus verlor diese Funktion. Heute befindet sich das musikwissenschaftliche Seminar der Universität in dem aufwendig sanierten Bau.

Albanikirche

Der heilige Alban erlitt wohl 406 das Martyrium vor den Toren von Mainz. Er wurde darum zum Schutzpatron der Bischofsstadt. Das Albanpatrozinium des ältesten Kirchenstandortes in Göttingen ist darum ein Hinweis darauf, dass „Gutingi" von Mainz aus christianisiert wurde. Die Randlage der Kirche nördlich des „alten Dorfes" belegt, dass das heidnische Gutingi bereits Bestand hatte, bevor das Christentum einzog. Die Kirche ist wohl als Stiftung von Kaiser Heinrich II. anzusehen, der 1024 auf der benachbarten Pfalz Grona verstarb.

Erstmals schriftlich erwähnt ist die Albanikirche allerdings erst 1254. Damals lag sie außerhalb der Stadtbefestigung. Die Rote Straße führt vom Marktplatz über die Wendenstraße direkt auf das ehemalige Albanitor und dann zur Kirche empor. Reste des Tores sind im Straßengrundriss als Pflasterung noch zu erkennen. Erst bei der Anlage des →*Walls* seit dem 14. Jahrhundert wurde die Kirche in die Altstadt integriert.

Der heutige Kirchenbau wurde mit dem Chor Ende des 14. Jahrhunderts begonnen. Eine Inschrift am südlichen Strebepfeiler belegt, dass der Westbau 1423 fertiggestellt war. Das Langhaus, das als Stufenhalle mit Gewölbe

Die Albanikirche markiert das nördliche Ende der Vorgängersiedlung „Gutingi".

Der gotische Flügelaltar zeigt links die Köpfung des heiligen Alban, in der Mitte Szenen aus Marienleben und Kindheit Jesu, rechts das Weltgericht.

eine architektonische Besonderheit darstellt, wurde 1467 vollendet.

Das bedeutendste Ausstellungsstück ist der gotische Altar des Schnitzers Hans von Geismar. Er stammt aus dem Jahr 1499 und zeigt Szenen aus dem Marienleben. Ursprünglich handelt es sich um einen Doppelflügelaltar mit Schnitzwerk und Gemälden. Es sind nur die Gemälde erhalten. Sie werden in einer modernen Aufstellung präsentiert.

Altes Rathaus

Das Alte Rathaus wurde im Kern um 1270 gebaut. Es wurde 1369 und 1405 zu den heutigen Dimensionen erweitert und diente nicht nur als Versammlungsort des Rates, sondern auch als Sitz des Stadtrichters, „Kophus" – Kaufhaus der Kaufmannsgilde und Platz für öffentliche Festlichkeiten.

Zwischen 1870 und 1907 entfernte man den Außenputz an dem zweigeschossigen Saalbau. In diese Zeit fällt auch die historistische Ausgestaltung im Inneren. Die Halle wurde 1883 verputzt und mit einer Scheinquaderung bemalt. Anschließend wurde der Wappenfries aufgebracht. Es handelt sich um die Stadtwappen von Hansestädten, denn Göttingen war von 1351 bis 1572 Mitglied dieses Wirtschafts- und Schutzbundes (vorderes Vorsatzblatt).

Die darunter angebrachten Figurengruppen zeigen mittelalterliches Leben und nehmen Bezug auf die Funktion der Räumlichkeiten, vor deren Tür sie angebracht sind. Dem Uhrzeigersinn folgend, sieht man eine Allegorie auf die Mildtätigkeit, eine Gerichtsszene vor dem Büro des Richters, dann Geburt, Hochzeit und Tod vor

dem damaligen Standesamt. Es folgen die Stände am Aufgang zur alten Dorntze und rechts von deren Eingang der Musiker. An der nördlichen Giebelwand gemahnt die Schreiberszene vor der Stadtkämmerei an Wilhelm Busch. Die daran anschließende Stadtansicht zeigt einen Blick vom →*Hainberg*. Ihren Abschluss fand die Umge-

Der städtische Schreiber kontrolliert die Steuerlisten. Nächste Seite: Das Alte Rathaus mit Markt und Gänseliesel.

staltung 1901 mit der Aufstellung des →*Gänseliesels* auf dem Markt.

Heute ist das Alte Rathaus Sitz der Tourist-Information. Im Obergeschoss bietet der Kunstverein wechselnde Ausstellungen an. Die Halle ist Veranstaltungsort für Musik, Kabarett, Kleinkunst, Vorträge und städtische Festlichkeiten. Die alte Dorntze mit ihren städtischen Familienwappen im Deckengewölbe dient als Trauzimmer des Standesamtes. In ihrer →*Unterwelt* verbirgt sich eine funktionstüchtige mittelalterliche Heizungsanlage.

Auditorium maximum

Vorlesungen nahmen in der jungen →*Georg-August-Universität* einen wichtigen Raum ein. Die Hörsäle im Kollegienhaus waren allerdings im Verlauf des 18. Jahrhundert nach und nach zu Bibliotheksräumen umgewidmet worden. Professoren hielten darum ihre privaten Vorlesungen häufig im eigenen Haus. Die öffentlichen Veranstaltungen fanden in meist wenig geeigneten, angemieteten Räumlichkeiten statt.

Blumenbach

Doch erst 1860 begannen die Planungen für die Errichtung eines zentralen Hörsaalgebäudes. Das Auditorum maximum (heute: Altes Auditorium) fand seinen Platz vor dem Weender Tor. Der →*Alte Botanische Garten* musste hierfür Fläche abtreten.

Hugo

Errichtet wurde das Auditorium zwischen 1862 und 1865 nach Plänen des Universitätsbaurats Friedrich Doeltz im hannoverschen Rundbogenstil. Bei aller gebotenen Sparsamkeit wollte man nicht auf plastischen Bauschmuck verzichten. Neun Medaillons mit Gelehrtenköpfen repräsentieren die ersten einhundert Jahre der Georgia Augusta. Von links nach rechts blicken den Besucher folgende Herren an: Johann Stefan Pütter, Christoph Gottlob Heyne, Ludwig Timotheus Freiherr von Spittler, Albrecht von Haller, Matthias Johann Gesner, Johann Lorenz von Mosheim, Johann Friedrich Blumenbach (links oben), Carl Friedrich Gauß und Gustav Hugo (unten links).
Vier Statuen zeigen von links nach rechts die Förderer der Universität: Gerlach Adolph Freiherr von Münchhausen, Georg II. König von Hannover und König von Großbritannien und Irland, Herzog Julius von Braunschweig-Wolfenbüttel und Gottfried Wilhelm Leibniz.
Nach 1960 entstand das Geisteswissenschaftliche Zentrum am →*Platz der Göttinger Sieben*. Trotzdem werden die Hörsäle des Alten Auditoriums weiter genutzt. Hier sind das Institut für Rechtsgeschichte, Rechtsphilosophie und Rechtsvergleichung und die →*Kunstsammlung* der Universität untergebracht.

KUNSTSAMMLUNG
DER UNIVERSITÄT GÖTTINGEN

Bartholomäusfriedhof

Vor der Gründung der Universität besaß Göttingen zwölf Kirchhöfe, die sich direkt an den Gotteshäusern befanden. Nur das Hospital St. Bartholomäus lag mit seinem Friedhof außerhalb des →*Walls*.

Die Befürchtung, der Verwesungsgeruch würde Krankheiten übertragen, veranlasste die Universitätsleitung früh, sich für die Einrichtung eines Friedhofes vor den Toren der Stadt einzusetzen. Das zu dieser Zeit nicht mehr benutzte Hospitalgebäude wurde abgerissen und 1747 der Neue Friedhof eröffnet. Hier fanden nun die Angehörigen von St. Jacobi und St. Johannis ihren Platz, seit 1853 auch die Angehörigen von St. Marien.

Einfache Holzkreuze sowie liegende und stehende Platten kamen als Grabkennzeichnung ebenso vor wie Stelen, Vollplastiken oder Gruftbauten. Die Platten wurden nach Ende der Liegezeit von der Friedhofsverwaltung an Steinmetze verkauft, die sie „recycelten". Der Bestand an erhaltenen Grabdenkmälern ist ein Resultat dieser Verkaufspraxis sowie der jeweiligen Einschätzung über die Bedeutung der beigesetzten Person.

Bemerkenswert sind die drei Gruftbauten der Professoren Georg Heinrich Ayer, Christoph August Heumann und August Gottlob Richter. Nur die Fassaden sind architektonisch gestaltet. Die Rückwand lehnte sich an die damalige Friedhofsmauer. Die Seitenwände ließ man unverziert, weil sich

Totengedenken aus anderthalb Jahrhunderten – auch Grabmäler sind Moden unterworfen.

dort weitere Grüfte in Reihe erheben sollten. Doch sie wurden nie gebaut. Hier ruhen der Dichter Gottfried August Bürger, der Physiker Georg Christoph Lichtenberg (links), der Mathematiker Peter Lejeune Dirichlet, der Literaturhistoriker Adolf Ellissen und der Orientalist Heinrich Ewald, einer der „Göttinger Sieben". Doch auch berühmte Frauen fanden hier ihre letzte Ruhestätte, so die Verlegerin Anna Vandenhoeck und Charlotte Dietrich, Tochter des Orientalisten Johann David Michaelis.

Bismarckhäuschen

In der Mitte des 15. Jahrhunderts wurde der →*Wall* auf der Südseite der Altstadt befestigt. Um den Einlauf des →*Leinekanals* in die Stadt zu schützen, errichtete man ein Bollwerk mit Turm. Ende des 18. Jahrhunderts – die Bevölkerung hatte sich während des Siebenjährigen Krieges vergeblich ge-

gen die Franzosen gewehrt und war erobert worden – wurde die Stadt entfestet. Fast alle Türme wurden abgetragen. Nur dieses eine Exemplar blieb stehen, doch mussten die oberen Meter wegen Baufälligkeit abgerissen werden.

1832 kam der junge Otto von Bismarck zum Jurastudium nach Göttingen. Er bezog zunächst Quartier in der Roten Straße Nr. 27 und machte bald von sich reden, denn er war mehr den geistigen Getränken als den geistigen Wissenschaften zugetan und saß wegen permanentem Fehlverhaltens diverse Male im älteren →*Karzer* im Kollegienhaus ein.

Schließlich verwies man ihn der Stadt, nicht jedoch der Universität, und wies ihm als Wohnort eben jenen ehemaligen Stadtturm an. Hier lebte er unter nicht sehr komfortablen Bedingungen mehrere Monate, bis ihn sein erboster Vater schriftlich anwies, die Stadt unverzüglich zu verlassen und nach Hause zu kommen. „Unverzüglich" bedeutete aufgrund seiner zerrütteten Finanzen „zu Fuß" – eine Schmach, die ihn angeblich schwören ließ, er werde die Stadt niemals wiedersehen und die Stadt ihn auch nicht.

Heute beherbergt das Bismarckhäuschen neben einer Wohnung für Stipendiaten eine Ausstellung zu Bismarck. Hier ist unter anderem die Karzertür zu sehen, in welcher der Student sich namentlich verewigt hatte.

In einer Rede im Deutschen Reichstag im März 1881 soll Bismarck gesagt haben, „es wird bei uns Deutschen mit wenig so viel Zeit totgeschlagen, wie mit Bier trinken." Während seiner Studienzeit in Göttingen hatte er damit reichlich Erfahrung gemacht – es brachte ihm die Wohnung am Wall ein.

Börner-Viertel

Unabhängig vom Alter der Häuser ist die Altstadt durch eine traufständige Reihenbebauung geprägt. Da an der Rückseite der Grundstücke keine schmalen Pfade entlangführen, ist es nur an einer Stelle möglich, einen Blick „hinter die Kulissen" zu werfen. Das Börner-Viertel zeigt gewachsene Strukturen aus beinahe 500 Jahren. Das Bornemann'sche Haus wurde 1536 errichtet und weist die zeittypischen Schiffskehlen auf. Hier wohnte 1772/1773 Johann Friedrich Voß, ein Mitglied des Göttinger Hainbundes, den man als „Fanclub von Klopstock" bezeichnen könnte. Die Studenten waren angetreten, um zu beweisen, dass man auch in deutscher Sprache dichten kann.

Durch einen historistischen Anbau von 1908 gelangt man in den Hinterhof, dessen Backsteingebäude Christian Börner errichtet ließ, dem das Quartier seinen Namen verdankt. Seine „Fabrik feiner Fleischwaren" war auf die Produktion von Gänseleberpastete, Kalbs- und Trüffelleberwurst, Fleischleberrotwurst und Teewurst spezialisiert.

Ein schmaler Durchgang führt durch ein Hinterhaus aus dem Jahr 1670 auf den Hof des Hauses „Rote Straße Nr. 16", das 1872 errichtet wurde. Während die Rückseite schlichtes Fachwerk zeigt, überrascht die Steinfas-

sade durch ihre aufwendige Gestaltung im Hannoverschen Rundbogenstil.
Beide Eingänge in das Börner-Viertel sind flankiert durch je zwei Diabas-Skulpturen von Wolf Bröll aus Mandelbeck bei Northeim (2000). Im Innenhof hat 2008 die Skulptur „Mann am Schreibtisch" von Bernd Altenstein, der auch „Der Tanz" am →*Nabel* geschaffen hat, ihren Platz gefunden.
Heute ist das Börner-Viertel mit seinen gastronomischen Betrieben eine kleine Oase der Ruhe im geschäftigen Treiben der Innenstadt.

Ein schmaler Durchgang (links) an den Diabas-Skulpturen vorbei führt von der Roten Straße durch das Hinterhaus auf den Innenhof (rechts).

Botanische Gärten

1736 kam der Schweizer Botaniker und Anatom Albrecht von Haller nach Göttingen. Zu Studienzwecken legte er einen „hortus medicus“ (Arzneigarten) in der Nähe seines Wohnhauses

an. Durch systematische Weiterentwicklung entstand so der Alte Botanische Garten. Er präsentiert im Freiland und in zehn Schauhäusern Pflanzen aus allen Kontinenten und Klimazonen. In den Glashäusern wachsen Kakteen und fleischfressende Pflanzen, tropische Farne und Nutzpflanzen wie Bananen und Vanille. Die Blüte der Victoria-Seerose, die einmal jährlich zwischen ihren bis zu 2 Meter großen Blättern erscheint, lockt Hunderte von Zuschauern an. Im Freigelände sind die heute in Europa vorkommenden Pflanzen sowohl nach Standort als auch nach ihrer Herkunft geordnet. Ein Arzneigarten und ein Bauerngarten geben Auskunft über die Verwendungsmöglichkeiten der verschiedenen Arten. Alte Obstsorten sind ebenso wie seltene Nadel- und Laubgehölze zu finden.

Auf nur fünf Hektar Fläche sind fast 15000 Pflanzenarten versammelt. Spazierwege und Bänke laden zum Aufenthalt ein. Walluntertunnelungen ermöglichen den Durchgang zwischen Gewächshäusern und Freiflächen. Mit seiner Grundkonzeption aus dem 18. Jahrhundert bildet das bemerkenswerte Gartendenkmal eine Oase der Ruhe. In den Sommermonaten finden in der Orangerie Konzerte, Ausstellungen und Veranstaltungen statt.

1976 entstand im Randbereich des →*Nordcampus* der Neue Botanische Garten. Im Gegensatz zu seinem „alten" Pendant, ist der „neue" nicht systematisch, sondern experimentell ausgerichtet. Auf 36 Hektar finden Freiland- und Gewächshausversuche statt. Er ist ebenso wie der 1973 angelegte, benachbarte Forstbotanische Garten frei zugänglich und lädt Bürger und Gäste der Stadt auf das Universitätsgelände ein. Ob Alpinenhaus, Rosengarten, Teichlandschaften oder Arboretum – hier sind ganzjährig spannende Entdeckungstouren möglich.

Albrecht von Haller (links), Walluntertunnelung (Mitte) und Victoria-Seerose (rechts)

Cheltenhampark

Bereits seit 1951 pflegt Göttingen die Städtepartnerschaft mit Cheltenham in England. Symbol dieser jahrzehntelangen Freundschaft ist der 1976 verliehene Name des Parks, der sich auf der Westseite der Altstadt außerhalb des →*Walls* vom Albaniplatz mit der Stadthalle bis zum Hainholzweg zieht. Am Schwänchenteich (nächste Doppelseite), der Ende des 18. Jahrhunderts nach der weitgehenden Trockenlegung des ehemaligen Stadtgrabens angelegt wurde, geht er nahtlos über in den Bereich des Albanifriedhofs, der 1784 angelegt wurde. Hier ruhen z. B. die Architekten Christian Friedrich Rohns und Georg Heinrich Borheck. Letzterer errichtete unter anderem die →*Sternwarte*, in der Carl Friedrich Gauss von 1816 bis 1855 lebte und wirkte. Auch dieser Mathematiker und Astronom fand seine letzte Ruhestätte auf dem Albanifriedhof (links).

Da sich im Untergrund zahlreiche verfüllte Reste der frühneuzeitlichen Befestigung befinden, entging die Fläche im 19. Jahrhundert einer systematischen Bebauung. Ausgedehnte Grünflächen mit einem alten Baumbestand laden zum Spazieren und Entspannen ein.

Am Eingang zum Cheltenhampark befindet sich das ehemalige Rohn'sche Badehaus (rechts). Das markante polygonale Gebäude beherbergte Anfang des 19. Jahrhunderts eine der ersten Warmwasserbadeanstalten Deutschlands. Der Architekt ließ sich unter anderem von den pavillonartigen Kleingebäuden der englischen Gartenarchitektur inspirieren. Die am Übergang vom Erd- zum Obergeschoss umlaufenden Friese (oben) zeigen Aesculap, den griechischen Gott Heilkunst, und seine „Kollegin" Hygieia, die Göttin der Gesundheit. Der Schwan stellt als Symbol der Reinheit die gedankliche Verbindung zwischen beiden her und verweist zugleich auf den Teich hinter dem Badehaus.

Deutsches Theater

Lange Zeit war den Göttinger Stadtoberen das Thema „Theater" suspekt. Aus Angst, die guten Sitten würden verdorben und die Studenten vom Studium abgehalten, fanden Theateraufführungen im 18. Jahrhundert nur selten statt. Seit 1834 gab es am Wilhelmsplatz im Winterhalbjahr regelmäßige Aufführungen. Dieses „Stadttheater" fiel am 10. Januar 1887 einem verheerenden Brand zum Opfer. An seiner Stelle steht heute die Alte Mensa.

Nur ein halbes Jahr später fiel die Entscheidung, ein Theater außerhalb des →*Walls* an der Ostseite der Stadt zu errichten (rechts). Es wurde im Stil der Neorenaissance gebaut und stellt eine Art „Duplikat" des Oldenburger Großherzoglichen Hoftheaters dar. Die Eröffnung erfolgte am 30. September 1890 mit der „Jubel-Ouvertüre" von Carl Maria von Weber und Schillers „Wilhelm Tell".

Seit damals wurden die Baulichkeiten mehrfach erweitert, zuletzt 1981–84 mit dem Anbau des Glaspavillons. Ursprünglich ein Mehrspartenhaus, bietet es seit 1950 als Sprechtheater einen

umfangreichen Repertoirebetrieb auf vier Bühnen. Für diese Umstrukturierung war einer der renommiertesten Theaterleute seiner Zeit, Hans Hilpert, verantwortlich. Während seiner sechzehnjährigen Intendanz holte er zahlreiche namhafte Künstler auf die Göt-

tinger Bühne und begründete Göttingens Ruf als Theaterstadt.
In der gleichen Zeit entwickelte sich Göttingen auch zur Filmstadt. So umrundete Heinz Erhardt 1959 als Polizeihauptwachtmeister Eberhard Dobermann in „Natürlich die Autofahrer" das Rondell auf dem Theaterplatz, um die Fahrprüfung abzulegen. Film- wie Theaterschauspieler trafen sich gern nach Feierabend im „Kleinen Ratskeller" in der Jüdenstraße. Zahlreiche Autogrammkarten an den Wänden zeugen davon.

Erdbebenwarte

Bereits 1833 hatte der Astronom und Mathematiker Carl Friedrich Gauß im Garten der →*Sternwarte* ein Gebäude errichten lassen, um gemeinsam mit

dem Physiker Wilhelm Weber Experimente und erdmagnetische Beobachtungen durchzuführen. Es wurde nur aus Holz und Nicht-Eisen-Metallen errichtet, damit die magnetischen Versuche möglichst störungsfrei verlaufen konnten.

1902 wurde der Bau auf den oberen Hainberg versetzt. Dort hatte ein Jahr zuvor der Geophysiker Emil Wiechert mit der Errichtung einer Erdbebenwarte begonnen. Das Alte Erdbebenhaus steht auf einem Muschelkalk-Felsen. So werden auch kleinste Bewe-

Der Seismograf mit dem 17 Tonnen Pendel (oben). Vertikalseismograf (rechts).

gungen auf die darin befindlichen Seismografen übertragen. Es handelt sich um den weltweit ältesten, noch funktionsfähigen Seismografen. Die über 100 Jahre alte Technik funktioniert tadellos. Schreibnadeln ritzen die Bewegungen, die der Seismograf erfasst, auf berußtes Papier.

Auf dem weitläufigen Gelände befinden sich weitere Technikdenkmäler,

so in der astronomischen Hütte ein Passage-Instrument. Es ermöglicht die Synchronisation der seismischen Daten, die weltweit an verschiedenen Orten gesammelt werden. Im Neuen Erdbebenhaus von 1925 steht ein modernes Breitband-Seismometer.
Sogar künstliche Erdbeben lassen sich auf dem Gelände am Hainberg erzeugen. Die Mintrop-Kugel, eine vier Tonnen schwere Stahlkugel (nächste Doppelseite), kann aus 14 Metern Höhe auf den Erdboden fallen gelassen werden. Transportable Seismografen registrieren die Erschütterungen.
Seit 2005 wird das Gelände vom Verein Wiechert'sche Erdbebenwarte Göttingen e. V. betreut.

Mit der vier Tonnen schweren Mintrop-Kugel erzeugte der Schüler von Wiechert erstmals künstliche Erdbeben.

Fachwerk

Auf den ersten Blick ist es nicht erkennbar. Die Altstadt besteht zu einem großen Teil aus Fachwerkhäusern. Dabei reicht die Zeit ihrer Entstehung vom 13. bis zum 19. Jahrhundert. Das älteste, die „Rote Straße Nr. 25", datiert in das Jahr 1276 und gehört damit zu den ältesten deutschen Holzhäusern überhaupt. Es zeigt bereits zu dieser Zeit alle Merkmale des entwickelten Fachwerkbaus bis hin zum weit vorkragenden Speichergeschoss. Trotz moderner Umbauten ist die doppelgeschossige Däle von über 4 Metern Höhe noch deutlich erkennbar. Diese enorme Raumhöhe hatte einen sehr praktischen Grund. Gekocht wurde am offenen Feuer. Die Funken sollten sich nach oben „totfliegen", damit Speicher- und Dachgeschoss nicht in Brand gerieten, denn der Schornstein war damals noch nicht erfunden. Auch konnte sich so Rauch oder Qualm im Sinne des Wortes „nach oben" verziehen.

Das Haus „Rote Straße 25" gehört zu den ältesten erhaltenen Fachwerkhäusern Deutschlands.

Das „Bornemann'sche Haus" war das erste Gebäude in Göttingen, das mit den für die Renaissance so typischen Schiffskehlen verziert wurde.

In den folgenden Jahrhunderten änderte sich zwar wenig an der Grundform der Häuser, doch hielt die Geschossbauweise langsam ihren Einzug in die Gebäude. Auch wurden sie immer reichhaltiger mit Schnitzereien verziert. Das Bornemann'sche Haus, Eingang in das →*Börner-Viertel*, wurde 1536 errichtet. Es war das erste Gebäude in Göttingen, das mit den für die Renaissance so typischen Schiffskehlen verziert wurde. Aus Sicht der Bauentwicklung ist interessant, dass sich hier – auf der linken Seite – noch ein Rest der doppelgeschossigen Däle findet. Auf der rechten Seite ist bereits ein Wohnbereich mit Erdgeschoss und erstem Obergeschoss eingebaut. Über Däle und Wohnbereich zieht immer noch das vorgekragte Speichergeschoss.

Reichhaltige figürliche Schnitzereien, Statussymbol und Hinweis auf das Selbstverständnis der jeweiligen Bauherren, finden sich an der 1547/49 umgebauten Junkernschänke in der Barfüßerstraße Nr. 5 und am 1549 neu er-

Reichhaltige figürliche Schnitzereien an der Junkernschänke in der Barfüßerstraße

Das Schröder'sche Haus weist zahlreiche figürliche Schnitzereien auf.

richteten Schröder'schen Haus, in der Weender Straße Nr. 62. Auch diese Häuser sind, wie viele andere in der Stadt, nach dem Prinzip des Bornemann'schen Hauses errichtet worden. Dabei spielt die Verbindung der Fachwerkhäuser mit einem heute in Göttingen nicht mehr als Baulichkeit vorhandenen Gebäude, nämlich dem steinernen Wohnturm, eine wichtige Rolle. Steinerne Wohntürme waren als Sicherheitsbau und Statussymbol bei der reichen Oberschicht der Städte beliebt. Als Steingebäude mit Keller, Erdgeschoss (hier Küche) und Obergeschoss, hier ein kaminbeheizbarer Raum, waren diese Räume sicher gegen Brandgefahr und als Rückzugsort. Im Laufe der Zeit entwickelte sich die Feuer- und Ofentechnik so weit, dass zu Anfang des 16. Jahrhunderts zweistöckige Konstruktionen in die Dälen der Fach-

werkhäuser eingebaut werden konnten, mit den gleichen Nutzungsaufgaben, aber aus Holz.
Um 1600 kam nach weiteren feuertechnischen Fortschritten die durchgehende Geschossbauweise auf. Gleichzeitig wurden die figürlichen Schnitzereien durch geometrische Formen wie Zahnschnitt, Perlstab, Kugelfries und Voluten ersetzt. Ein typisches Beispiel hierfür ist die 1606 erbaute „Rote Straße Nr. 14".
Während des Dreißigjährigen Krieges hatte Göttingen viel zu leiden. Durchziehende Söldnertruppen, Hungersnöte und Pestepedemien sorgten für einen dramatischen Bevölkerungsrückgang. Erst ab 1670 entstanden erste, sehr schlichte Neubauten ohne jede Schmuckform. Eine gewisse Ausnahme bildet das Haus „Rote Straße Nr. 8", dessen Schwellen mit einem Kantenrundstab betont sind.
Nach einem ersten „Bauboom" um 1700 setzte nach der Universitätsgründung im Jahre 1737 eine erneute Bautätigkeit ein. Mit den Professorenfamilien kamen Personen in die Stadt, die völlig neu-

Das Haus „Rote Straße 8" ist weniger schlicht als die anderen Neubauten des ausgehenden 17. Jahrhunderts.

Das Haus „Rote Straße 14" weist geometrische Verzierungen auf.

Das Michaelishaus leitet seinen Namen von dem Orientalisten Johann David Michaelis (1717–1791) ab.

artige Wohn- und Lebensbedürfnisse hatten. Im Verlauf des 18. Jahrhunderts entstanden zahlreiche schlichte Fachwerkhäuser mit glatter Fassade. Sie wurden flächig verputzt, um so einen vornehmen Steinbau vorzutäuschen. Das geschah zum Beispiel 1737 am Michaelishaus (ehemals „Londonschänke") in der Prinzenstraße und wurde bald von den Bürgern nachgeahmt. Nicht nur Neubauten wie das 1739 errichtete Grätzelhaus in der Goethe-Allee, sondern auch Altbauten, ja ganze Zeilen in der Jüdenstraße, verschwanden hinter Putz.

Ende des 19. Jahrhunderts wurde Fachwerk durchaus wieder „salonfähig". Doch statt den Putz zu entfernen, malte man sich das Fachwerk darauf, wie zum Beispiel an der Ratsapotheke am Markt (Bild rechte Seite).

Bis heute prägt dieses Nebeneinander von „reich geschnitzt" (nächste Doppelseite) bis „schlicht verputzt" das Bild der Altstadt und verleiht ihr ihren einmaligen Charme.

Raths-Apotheke
bestehend seit 1332
in diesem Haus seit 1553
Clemens Brentano

APANAGE
APANAGE

Kurze Str.
Groner Str.
APANAGE
APANAGE
APANAGE

Gänseliesel

Die Wasserversorgung des Marktes bestand aus einem Steinbassin mit Fontäne. Da der Zahn der Zeit daran unaufhaltsam genagt hatte, beschloss der Stadtrat Ende des 19. Jahrhunderts einen Neubau. Ein reichsweit ausgeschriebener Wettbewerb erbrachte ein Dutzend Vorschläge. Göttingen „verliebte“ sich in das Gänseliesel, das den zweiten Platz belegt hatte. Nach heftigen Diskussionen fand der Brunnen seinen Platz 1901 zunächst mitten auf dem Markt, 1968 dann an der heutigen Stelle.

Das Gänseliesel – unbestrittenes Wahrzeichen der Stadt – spiegelt die soziale Wirklichkeit. Die meisten Bürger hielten um 1900 noch Vieh in ihren Hinterhöfen. Junge Mädchen brachten die Gänse morgens in großen Herden vor die Stadt aufs Grüne und abends wieder zurück. Elisabeth war der mit Abstand beliebteste Mädchenname. Die Koseform „Liesel“ wurde

zur Berufsbezeichnung der Gänsemädchen.

Was seine Anfänge je nach Lesart in „Studentenulk" oder „grobem Unfug" hat, ist heute feste Tradition. Die frisch promovierten Doktoren werden nach der Prüfung von ihren Freunden in einem geschmückten Bollerwagen abgeholt. Gekrönt mit dem Doktorhut, werden sie durch die Stadt gezogen und zum Gänseliesel gebracht. Sie erklettern den Brunnen und geben der bronzenen Schönheit einen Kuss und einen Blumenstrauß als Dankeschön. Obwohl es schon weit über 100 Jahre alt ist, hat sich das Gänseliesel den jugendlichen Charme bewahrt. Es ist das meistgeküsste Mädchen der Stadt – doch es küsst niemals zurück.

Seit 1992 allerdings hat das „Liesel" männliche Konkurrenz bekommen. Immer häufiger kann man beobachten, dass eine junge Doktorin es vorzieht, Georg Christoph Lichtenberg, dessen Bronzeskulptur an der Nordwestseite des Platzes steht, mit dem Kuss zu beglücken.

Das Gänseliesel: Küssen erlaubt – aber nur für frischgebackene Doktoren. Doktorinnen beugen sich zum Kuss oft zu Herrn Lichtenberg herab.

Georg-August-Universität

1294 kamen die Dominikaner in die Stadt. Die Mönche des Predigerordens errichteten am Papendiek ihr Kloster mit einer imponierenden, gotischen Hallenkirche. 1304 war der Bau vollendet. 225 Jahre lang waren sie im Stadtbild präsent, dann kehrte die Reformation ein und sie mussten Göttingen verlassen.

Die Stadt übernahm den Gebäudekomplex und eröffnete darin ein Pädagogium, eine Lateinschule. Das renommierte Bildungsinstitut erlebte gute und schlechte Zeiten. Sehr schlecht waren die Zeiten während des Dreißigjährigen Krieges. Die Stadt litt unter Söldnerdurchmärschen, Pest und Hunger. Ihre einstige Größe und Schönheit waren dahin.

Die Gründung der Universität war ein

Die Paulinerkirche hatte niemals Türme. Das galt als Zeichen der Demut.

Lichtenberg war nicht nur Physiker, sondern auch Philosoph.

Akt der Wirtschaftsförderung. Per Beschluss des Landesherrn Georg August von Hannover wurde aus der Prima des Pädagogiums 1734 die erste Studentengeneration. Drei Jahre gönnte man der Versuchsphase, dann wurde die Georgia Augusta 1737 feierlich eröffnet. Klostergebäude wurden umgebaut zu Hörsälen, die Paulinerkirche, längst zum Kornmagazin heruntergekommen, erlebte eine Wiedergeburt als Universitätskirche.

Vier Fakultäten mit ihren Hörsälen, Verwaltung, →*Karzer*, Kirche und eine Bibliothek teilten sich den Komplex. Doch Raum für Raum wurde für die Bücher der fortschrittlichsten Bibliothek ihrer Zeit benötigt, während die Professoren die Vorlesungen im heimischen Wohnzimmer hielten. „Man fühlt sich wie in der Gegenwart eines großen Capitals, das geräuschlos unberechenbare Zinsen spendet", staunte Goethe 1801.

Bis 1992 war das ehemalige Dominikanerkloster das bibliothekarische Herz der Universität, dann wurde der Neubau am →*Platz der Göttinger Sieben* eingeweiht. Doch auch noch heute pulsiert im „Altbau" das wissenschaftliche Leben. Die Bibliothek, in der schon die Brüder Grimm ordneten und forschten, steht systematisch aufgestellt zur Verfügung. Und dann ist da noch die ehemalige Kirche, die 1812 zum Bibliothekssaal umgebaut wurde (nächste Doppelseite). Von den dort aufgestellten Gipsköpfen der Gelehrten bekam der junge Heinrich Heine in seiner „Harzreise" 1824 heftige Alpträume.

Damals sagte man: „Göttingen ist eine Universität." Und das ist die Stadt bis heute: die Stadt, die Wissen schafft. Die Stadt, in der sich Georg Christoph Lichtenberg mit seinen Aphorismen und Günter Grass mit seinem Butt einvernehmlich einen Innenhof teilen.

„Der Butt im Griff", Skulptur von Günter Grass

Gipsabdrucksammlung

1767 begann Christian Gottlob Heyne (unten), Bibliotheksdirektor und Professor für „Poesie und Beredsamkeit", mit der Sammlung erster Gipsabdrücke.

Er war ein eifriger Briefpartner von Johann Joachim Winckelmann, dessen Schriften eine wahre Antikenbegeisterung hervorgerufen hatten. Heyne machte Winckelmanns Gedanken zur antiken Kunst zur Grundlage eines akademischen Lehrfaches. Er hielt regelmäßig Vorlesungen über die „Archäologie der Kunst des Alterthums". Studenten aus ganz Europa zählten zu den Hörern, darunter zum Beispiel Wilhelm von Humboldt und August Wilhelm Schlegel.
Heyne hatte erkannt, dass die dreidimensionale Reproduktion ein viel genaueres Studium ermöglicht als die Zeichnungen in den zeitgenössischen Drucken. Aus seinen rund 70 Erwerbungen sind in fast 250 Jahren Sammlungsgeschichte nahezu 2000 original-

getreue Abgüsse berühmter Skulpturen geworden. Sie stammen aus dem griechischen und römischen Kulturraum, aber auch aus Ägypten, Vorderasien und Byzanz. Die Originale befinden sich in mehr als 160 Museen in der ganzen Welt. Manche von ihnen sind heute zerstört oder verschollen und haben sich nur in der Göttinger Sammlung als Abgüsse erhalten.
Seit 1912 ist die Sammlung im Archäologischen Institut am Nikolausberger Weg untergebracht (oben). Sie hat sich auf insgesamt elf Säle ausgedehnt, die über drei Stockwerke verteilt sind. Die Gipsabdrucksammlung dient Forschung und Lehre als Anschauungsobjekt und ist regelmäßig sonntags für interessierte Besucher geöffnet. Und sie ist definitiv im dritten Jahrtausend angekommen: Unter www.viamus.de lässt es sich vorab virtuell spazieren gehen, um von A wie „Agias" bis W wie „Wagenlenker" den persönlichen Favoriten zu wählen.

Hainberg

Seit Beginn der frühmittelalterlichen Siedlungstätigkeit vor mehr als 1300 Jahren bildete der Hainberg eine wichtige Ressource für das Gedeihen

Der Merkelstein erinnert an Oberbürgermeister Georg Merkel (1829–1898).

Spaziergang im Stadtwald – ein ausgedehntes Vergnügen

von „Gutingi" und „Göttingen". Hier entspringt die Gote, der die Siedlung den Namen verdankt (heute: Reinsgraben). Kalkstein, Sandstein und Duckstein bildeten unverzichtbares Baumaterial. Ein ausgedehnter Eichen-Buchen-Mischwald lieferte Bau- und Brennholz und konnte für die Waldweide des Viehs genutzt werden.
Die Folge war eine dramatische Übernutzung. 1801 wanderte Goethe mit seinem Sohn August einen kahlen Hügel empor, um Versteinerungen zu sammeln. Erst nach 1850 wendete sich das Blatt. Unter Bürgermeister Merkel und seinem Nachfolger Calsow wurde

Die Nixe taucht aus dem Wasser auf und reicht einer Mutter ihr Baby. Die Skulptur wurde von dem Bildhauer Friedrich Küsthardt (1830–1900) geschaffen.

ein fast dreieinhalb Quadratkilometer großer Landschaftspark aufgeforstet, der nahtlos an die Grünflächen im →*Ostviertel* anschließt. Der Merkelstein am Fuße des Hainberges dankt dem Initiator. Zusammen mit der Nixengrotte befindet er sich am Eingang zum Molkengrund.

Aus dem Park ist ein riesiger Erholungswald geworden, den zahllose Spazier- und Wanderwege durchziehen. In den Sommermonaten lädt der Bismarckturm zum Besteigen ein. Der Blick über das Leinebergland, in den Göttinger Wald und ins benachbarte Eichsfeld ist die Mühen mehr als wert. Ein eigens gegründeter Turmbauverein hatte den Turm 1898 errichtet, um an Bismarcks Studium in Göttingen zu erinnern. Er schuf unbeabsichtigt eine neue Bautradition. Bis zum Ersten Weltkrieg entstanden überall im Deutschen Reich Bismarcktürme.

Ob Spazierengehen, Mountainbiking, Naturkunde im Wildgatter am Kehr, jährliches Open-Air-Konzert im Kai-

Bismarckturm (links) und Hainberg-Observatorium (rechts)

ser-Wilhelm-Park, Sternbeobachtung im 1929 errichteten Hainberg-Observatorium oder Technikgeschichte in der →*Erdbebenwarte:* Der Hainberg bietet für Groß und Klein ganzjährig Erholung, Kultur und Wissen.

Jacobikirche

Betrachtet man das mittelalterliche Stadtgefüge, so liegt die Jacobikirche an exponierter Stelle, direkt an der Fernhandelsstraße. Dahinter lag an *→Ritterplan und Burgfreiheit* die Stadtburg der Welfen, die das Patronat über die Kirche hatten.

Der gotische Kirchenbau wurde 1361 begonnen und 1426/33 durch das Portal mit dem imposanten Westturm ergänzt. Nach einem Brand von 1555 erhielt der Turm das charakteristische

Die Sonntagsseite des Altars aus dem Jahr 1402

Fachwerkgeschoss mit der Kuppel. Der sportliche Ehrgeiz, der für die Besteigung nötig ist, wird mit einer wunderbaren Aussicht über die ganze Stadt belohnt.
Das Innere der gotischen Hallenkirche mit seiner geometrischen Ausmalung (um 1480) bietet einen einmaligen Mix aus unterschiedlichen kunstgeschichtlichen Epochen. Ältestes Stück ist der Hochaltar von 1402. Im ge-

Der barocke Taufstein aus dem Jahr 1643

24 Wasserspeier schützen die Kirche vor dem Bösen – und leiten das Regenwasser ab.

schlossenen Zustand (Werktagsseite) zeigt er acht Szenen aus dem Leben und Sterben des Apostels Jacobus des Älteren, dem Schutzpatron der Kirche. Die erste Wandlung (Sonntagsseite) zeigt auf insgesamt 16 Bildern die Lebens- und Leidensgeschichte Jesu. Die zweite Wandlung (Festtagsseite) zeigt vor einem mit Glanzgold überzogenen Hintergrund 18 Schnitzfiguren. Christus als König der Welt wird von Aposteln und Heiligen flankiert.
Neben einem Taufstein (1643) und einer neogotischen Kanzel (1902) frappieren die Glasfenster. In Chor und

Moderne Fenster in einer alten Kirche (oben). Die Ott-Orgel (rechts).

südlichem Seitenschiff sind es Szenen aus Bibel und Stadtgeschichte (1898/1901). Sie kontrastieren zu den 1997/98 geschaffenen Fenstern des Künstlers Johannes Schreiter im nördlichen Seitenschiff, die zur Meditation über den Psalm 22 einladen.

Der Himmel ist wieder offen. Gott hat den Betenden erhört. Gottes Nähe wird durch das weisse Tuch, das vom Himmel herab fällt, verdeutlicht. Die Verbindung des Menschen zu Gott ist geschaffen (22, 22). Die Jacobikirche bietet eine wundervolle Akustik. Die Konzerte mit Begleitung der Ott-Orgel von 1964/66 locken alljährlich zahlreiche Besucher an.

Johanniskirche

Die Johanniskirche befindet sich westlich des →*Alten Rathauses*. Ihre markante Doppelturmkonstruktion dominiert das Stadtbild. Der Südturm dient als Glockenturm, hat eine geschlossene Turmhaube und trägt die Uhr. Georg Christoph Lichtenberg hätte 1780 gerne einen Blitzableiter auf ihm errichtet. Das Unterfangen war dem Kirchenvorstand zu heikel. Der Physiker beantwortete die Ablehnung mit einem Aphorismus: „Dass in den Kirchen gepredigt wird, macht deswegen die Blitzableiter auf ihnen nicht unnötig."
Der Nordturm weist unter seiner Turmhaube eine offene Galerie auf. Obergeschoss und Galerie waren im Mittelalter Wohnung und Arbeitsplatz des Türmers. In Friedenszeiten war er für den Brandschutz zuständig. Von der Galerie aus beobachtete er die Stadt und gab Alarm, wenn er Feuer entdeckte. Die Bürger bildeten dann eine Eimerkette zum →*Leinekanal* oder zum nächstgelegenen städti-

Die markanten Türme der Johanniskirche sind unverwechselbar und darum eine gute Orientierungshilfe beim Spaziergang durch die Altstadt.

Die ehemalige Türmerwohnung dient jetzt als Kapelle. Hier ist der Beter dem Himmel 62 Meter näher als am Boden.

schen Brunnen. Meist war man schon froh, wenn es gelang, ein Übergreifen der Flammen auf Nachbargebäude zu verhindern. Der Brandherd selbst war meist dem Untergang geweiht.

In Kriegszeiten musste der Türmer Sichtkontakt zu den Landwehrtürmen der Umgebung halten. Kam von dort ein Alarmsignal, gab er es an die Bürger weiter. Das war der Preis für die städtische Freiheit: Die Stadt musste sich selbst verteidigen. Seit 2006 wird das Obergeschoss des Nordturms als Kapelle genutzt.

Gotik und Neogotik schufen einen beeindruckenden Innenraum mit einer einzigartigen Atmosphäre.

Die Kirche selbst wurde in der 2. Hälfte des 12. Jahrhunderts als romanische Basilika errichtet. Ein romanischer Eingang an der Nordseite zeugt davon. Im 14. Jahrhundert wurde der Bau durch eine gotische Hallenkirche ersetzt. Anfang des 15. Jahrhunderts waren die Einwölbung und das Turmpaar vollendet. Die heutige Choreinwölbung entstand 1895/97 nach Plänen des hannoverschen Architekten C. W. Hase.

Junges Theater

1957 öffnete das „junge theater" – die programmatische Kleinschreibung des Namens hat bis heute Bestand – seine Pforten. Der Beginn des Zimmertheaters mit dem „Urfaust" vor 44 Zuschauern war so erfolgreich, dass das Theater 1960 in die Geismar Landstraße Nr. 19 (heute: Alternativkino „Lumiére") umzog. 1964 war hier die französische Sängerin Bar-

bara zu Gast. Im Garten des Hauses entstand ihr Chanson „Göttingen", der im Hause seine Uraufführung erlebte. Das Lied wurde nicht nur zu der heimlichen „Nationalhymne" der Stadt, es wurde zum international beachteten Symbol der deutsch-französischen Freundschaft.

1976 zog das Theater erneut um. 1836 hatte Baumeister Andreas Rohns am Wochenmarktplatz / Ecke Hospitalstraße ein klassizistisches Gebäude für den klassischen Philologen und Altertumswissenschaftler Otfried Müller errichtet (Bild links). Das Haus wird bis heute nach ihm als Otfried-Müller-Haus bezeichnet, obwohl er es nur für vier Jahre bewohnte. Er kehrte 1840 von einer Griechenlandreise nicht zurück.

Das Angebot des JT, wie das junge Theater gern genannt wird, ist außerordentlich interaktiv. Schauspieler und Regisseure stehen nach den Vorstellungen zum Gespräch zur Verfügung. In Workshops kann der Zuschauer selbst zum Akteur werden und sich ausprobieren. Nach Altersgruppen gestaffelt, proben „Schülerclubs" eigene Stücke und führen sie auf der großen Bühne auf. Der Spielplan bietet eine Mischung aus Experimenten, Werken moderner Autoren und klassischem Repertoire im neuen Gewand.

Das JT teilt sich die Räumlichkeiten im Otfried-Müller-Haus mit dem KAZ, dem Kommunikations- und Aktionszentrum Göttingen. Auch hier gilt: Kultur wird nicht geboten. Kultur wird gemacht, und zwar quer durch alle Kontinente und Genres.

Karzer

Ursprünglich besaß die →*Georg-August-Universität* ihre eigene Gerichtsbarkeit. Alle Universitätsangehörigen, ihre Familien und Angestellten, waren dieser Instanz unterworfen. Zahlte zum Beispiel ein Student seine Miete nicht, musste sich der betroffene Vermieter an das Universitätsgericht wenden. Dieses war auch zuständig für Disziplinarstrafen.
Der Maßnahmenkatalog reichte von der Ermahnung, über Geldstrafen, das Einsitzen im Karzer und die Androhung der Relegation bis zum Vollzug dieses Rauswurfs. Der Karzer, das Universitätsgefängnis, befand sich zunächst im umgebauten Dominikanerkloster, dem Kollegienhaus, später dann im 1764 erworbenen Konzilienhaus. Er wurde schließlich im westlichen Flügel der 1837 errichteten Aula am →*Wilhelmsplatz* untergebracht.
Bis ca. 1900 existierten hier zwölf Räume, dazu die Wohnung für den Wärter. Da zu dieser Zeit die akademische Gerichtsbarkeit Stück für Stück beschnitten wurde, blieben nur vier

Karzertür mit eingeritzten Namen der Delinquenten

Die Insassen verewigten sich an den Wänden (oben) und manchmal feierten sie im Karzer auch weiter (nächste Doppelseite).

Räume im zweiten Obergeschoss in Benutzung. Sie wurden 1933 aufgegeben und dienten danach als Aktenlager.

Diese vier Räume zeigen bis heute das mehr oder minder künstlerische Können der diversen Insassen. Insbesondere die Angehörigen der Landsmannschaften, Korps und Burschenschaften haben sich hier verewigt. Die Bandbreite reicht von schlichten Initialen, über Gedichte und Sinnsprüche, Zirkel und Wappen der Studentenverbindungen sowie Schattenrisse der Köpfe bis hin zu wirklichen Gemälden. Beeindruckend ist eine Kopie der Stadtansicht aus der Halle im →*Alten Rathaus.*

Betrachtet man die karge Möblierung mit massivem Holzbett, Toilettenstuhl und gusseisernem Ofen, wird schnell klar, dass das Verweilen im Karzer kein Vergnügen war.

rnst Münker
Wiederholt's
Wiederholt's
PRIVAT

(15.-20.VII.01.)

Kiessee

Der Leinetalgraben gehört zu einem großen Grabensystem, das sich vom Mittelmeer bis nach Norwegen erstreckt. Er entstand vor rund 60 Millionen Jahren durch einen Bruch in der Erdkruste. Dabei sind die Gesteinsschichten um ca. 600 Meter abgesunken. In den letzten zwei Millionen Jahren haben sich darauf verschiedene

Sedimente abgelagert. An der Südseite Göttingens war dies vor allem Niederterrassenschotter. Überdeckt werden diese Kiese von einer geschlossenen Auelehmdecke. Seit dem Ende des 19. Jahrhunderts bis 1930 wurde der Kies abgebaut.

Erholung pur am und auf dem Wasser des Kiessees

Bereits damals sollten die städtischen Kiesgruben in ein Wassererholungsgebiet umgewandelt werden – ein Plan, der erst Anfang der 1950er-Jahre umgesetzt werden konnte. Die Wasserfläche umfasst 15 Hektar und entstand 1958 durch die Vereinigung zweier ehemals getrennter Kiesgruben. Der See ist ca. 800 Meter lang, maximal 300 Meter breit und besitzt eine Tiefe von 1,40 bis 2,10 Meter.

Zusammen mit dem parkähnlichen

Die historische Walkemühle wurde 1770 errichtet und ersetzte einen Vorgängerbau von 1357.

Gelände bildet der Kiessee ein beliebtes Naherholungsgebiet. Auf Rundstrecken von 2,5 bis 4 km Länge kann man spazieren gehen, joggen, Fahrrad fahren, sonnenbaden, auf dem Spielplatz toben oder ornithologische Beobachtungen machen. Auf dem See kann man rudern, paddeln, segeln oder Tretboot fahren, bei genügender Eisstärke auch Eis laufen.

Wer sich gerne im Wasser bewegen möchte, kann dies im nahe gelegenen „Badeparadies Eiswiese" tun. Hier laden auf einer Gesamtfläche von 8400 Quadratmeter verschiedene Becken im Außen- und Innenbereich, ein Solebad, eine Saunalandschaft mit zehn verschiedenen Varianten, Solarien und Massageangebote in der historischen Walkemühle zur sportlichen Betätigung mit anschließender Entspannung ein.

Kunstsammlung der Universität

Der Göttinger Altphilologe und Altertumsforscher Christian Gottlob Heyne hatte bereits Ende des 18. Jahrhunderts eine klare Meinung über die Bedeutung der damals neuen Kunstsammlung. „Wenn unstreitig die wissenschaftliche Bildung den Hauptgegenstand auf unsern Universitäten ... ausmachen muß: so ist es dennoch nicht gleichgültig für sie, ob nicht auf die Bildung des Geschmacks ... irgend eine nützliche Anlage vorhanden sei." Heute würde er vermutlich sagen, „Die Beschäftigung mit der bildenden Kunst fördert die soziale Kompetenz". Er musste diesen bildungspolitischen Aspekt betonen, denn damals war der Gedanke einer universitären Kunstsammlung neu – die Göttinger Sammlung ist die älteste ihrer Art. Sie beruht nicht, wie meist üblich, auf fürstlichen Geschenken, sie verdankt ihr Entstehen zwei bürgerlichen Gönnern. Der

Celler Sekretär Johann Wilhelm Zschorn hatte im Laufe seines Lebens rund 270 Gemälde gesammelt, die er der Universität vermachte. Dem Frankfurter Patrizier Johann Friedrich Armand von Uffenbach verdankt sie rund 10 000 Stück Druckgrafik. Durch weitere Schenkungen ist dieser Grundstock aus den Jahren 1770 und 1795 im Laufe der Jahrhunderte auf 280 Gemälde, 2500 Zeichnungen, 14 000 Blatt Druckgrafik und 30 Skulpturen angewachsen.

Sie ist Lehrsammlung und Kunstmuseum zugleich. Die Studierenden der Kunstgeschichte haben nicht nur die Möglichkeit, am Objekt zu lernen, sie haben auch die Chance erste Erfahrungen in der öffentlichen Präsentation musealen Sammlungsgutes zu erlangen. Mit wechselnden Sonderausstellungen und der regelmäßigen Reihe „Kunstwerk des Monats" bietet die Kunstsammlung der interessierten Öffentlichkeit Einblicke in die Kunstgeschichte des 16. bis 20. Jahrhunderts.

Leinekanal

Der Hauptarm der Leine kommt von Süden, nimmt auf der Höhe des →*Kiessees* die Flüthe auf und fließt durch die Leineaue nach Nordwesten. Er kreuzt an der Otto-Frey-Brücke die Kasseler Landstraße und fließt zum Schützenplatz. Die beschriebene Route ist Teil des Leine-Radwegs.
Auf der Höhe des Kiessees trennt sich ein Seitenarm ab und fließt nach

Ende des 18. Jahrhunderts wurde die Lohmühle errichtet (oben). Seit 2006 dreht sich das Mühlrad wieder (links).

Nordosten. Vorbei am „Badeparadies Eiswiese" und durch eine Gartenkolonie, erreicht er das mittelalterliche Weichbild am →*Bismarckhäuschen*, durchfließt die Altstadt, verlässt diese nördlich des Waageplatzes und mündet am Schützenplatz wieder in den Hauptarm.
Bereits in der Stadtgründungsphase wurde dieser Seitenarm begradigt, um eine genügende Fließgeschwindigkeit für die Mühlen zu erreichen. Er

wird daher als „Leinekanal" bezeichnet. Bis zur Anlage des →*Walls* diente der Leinekanal als Stadtgraben. Er markiert das westliche Ende der welfischen Gründungsstadt. Zudem versorgte er die Bevölkerung mit Trink- und Brauchwasser.

Ein Spaziergang entlang des Leinekanals bietet reichhaltige Abwechslung. Wildromantische Passagen (nächste Doppelseite) wechseln ab mit echten „Kanalansichten". Er führt durch Gartenland, gründerzeitliche Wohnbebauung, vorbei an Mühlen und Kirchen und mitten durch die Altstadt (Bild rechts).

Auf der Höhe des Wasserspiegels lag das ursprüngliche Straßenniveau. Allerlei Überflutungen brachten die Menschen dazu, das Gelände zwischen Leinekanal und Markt aufzuschütten, um „hochwassersicher" bauen zu können. Bis heute hat der Hochwasserschutz für die Altstadt große Bedeutung. Am Sandweg sorgt das Flüthewehr für Regulierung. 2006 wurde am Schützenplatz ein Pumpwerk eingebaut. Es soll verhindern, dass im Falle eines Leinehochwassers das Wasser in den Kanal zurückgedrückt wird und die Altstadt überflutet.

Lokhalle

1854 wurde die hannoversche Südbahnstrecke Alfeld – Göttingen eingeweiht. Der Bahnhof fand seinen Platz außerhalb der Altstadt. Zwischen →*Wall* und Leineaue entstanden die ersten Industriebauten der Stadt. Nur ein Jahr später öffnete das Eisenbahnausbesserungswerk seine Tore und entwickelte sich zu einem der größten Arbeitgeber Göttingens.
1917 konnte der Grundstein für eine Lokomotivrichthalle gelegt werden,

in der bis 1965 Dampfloks gewartet wurden. Nach der Elektrifizierung der Bahnstrecke in diesem Jahr stellte sich der Betrieb auf die Wartung offener Güterwaggons um. Bereits zu diesem Zeitpunkt war klar, dass das Ausbesserungswerk langfristig seinen Betrieb

würde einstellen müssen. 1975 verließ der letzte Waggon das Werk.

Es sollte beinahe 20 Jahre dauern, bis ein tragfähiges Konzept für die Industriebrache gefunden wurde. Alle Nebengebäude wurden abgerissen und die frei gewordenen Flächen für Neubauten vermarktet. Das Kernstück des ehemaligen Ausbesserungswerks, die Lokomotivrichthalle, war 1982 als Industriedenkmal unter Schutz gestellt worden. Als Veranstaltungszentrum mit angeschlossenem Multiplexkino erlebte die Lokhalle, wie das Gebäude heute genannt wird, eine Wiederbelebung (links). Die beeindruckende Konstruktion aus Stahlträgern, Backstein und Glas konnte weitgehend erhalten bleiben. Auch die Schienen, auf denen früher die Lokomotiven in die Halle fuhren, sind sichtbar und zeugen von einem wichtigen Kapitel Göttinger Industriegeschichte.

Bei einer Gesamtfläche von 5330 Quadratmetern und einer Höhe von 10,5 bis 15,3 Metern bietet die Halle Raum für 3300 Sitz- oder 7000 Stehplätze. Seit ihrer Eröffnung 1998 hat sich die Lokhalle zu einem überregional geschätzten Veranstaltungsort für Messen, Tagungen und Konzerte entwickelt.

Marienkirche

Die Gründungsstadt des späten 12. Jahrhunderts wurde im Westen vom →*Leinekanal* begrenzt. Das dazugehörige Stadttor befand sich im Straßendreieck Groner Straße, Groner-Tor-Straße und Papendiek. Der abknickende Verlauf der Groner-Tor-Straße entsprach der damals üblichen Verteidigungstaktik. Angreifer sollten dadurch ausgebremst werden. Da die Straße dann direkt auf die Leine-Furt zuführte, blieb ihr Verlauf auch unverändert, als nach 1290 der Welfenherzog Albrecht der Feiste die „Neustadt" gründete.

Kurz darauf wurde eine Marienkapelle errichtet. 1318 kamen die Deutschordensritter in den Besitz des Areals und erbauten ihre Kommende. Unter ihrer Ägide entstand in der ersten Hälfte des 14. Jahrhunderts eine dreischiffige, dreijochige Hallenkirche in Bruchstein. Aufgrund ihrer Lage an der Groner-Tor-Straße ist das südliche Seitenschiff deutlich breiter als das nördliche. Das Stadttor der Neustadt wurde zugleich als Glockenturm genutzt. Die Marienkirche war gleichzeitig Ordens- und Pfarrkirche.

Nach der Reformation führte dies zu Schwierigkeiten zwischen dem katholischen Orden und der evangelisch gewordenen Pfarrgemeinde. Dennoch existierte dieses „Nebeneinander" bis 1810, als die Kommende an Privatbesitzer veräußert wurden. Später wurden die Gebäude von der evangelisch-lutherischen Landeskirche aufgekauft. In der Kirche befindet sich ein Marienaltar. Von den heimischen Künstlern Bartold Kastorp und Heinrich Heisen im Jahr 1524 geschaffen, sind die Tafeln in einem neugotischen Retabel von 1869 gefasst. Seit 1926 erklingt die Mahrenholz-Furtwängler-Orgel in dem Kirchenraum, der bisweilen auch für profane Konzerte genutzt wird.

Die Marienkirche nutzt einen Stadtturm als Kirchturm (links). Der Marienaltar entstand am Vorabend der Reformation. Er ist das letzte bekannte Werk von Berthold Kastorp, dessen Mariendarstellungen kurze Zeit später als „hölzerne Götzen" verachtet wurden. Die Einführung des lutherischen Bekenntnisses in Göttingen machte ihn arbeitslos (rechts).

Michaelskirche

1746 beschließt Kurfürst Georg II. von Hannover „ein privat Römisch-Catholisches Glaubens-Exercitium" in Göttingen zu gestatten. Nach mehr als 200 Jahren evangelisch-lutherischer

Stadtgeschichte durfte erstmals wieder die Messe gelesen werden. Hintergrund dieses Gnadenaktes, der zunächst nur für Universitätsangehörige galt und jederzeit widerrufen werden konnte, war weniger religiöse Toleranz. Der Kurfürst hatte sich von seinen Geheimen Räten überzeugen lassen, dass es der neu gegründeten →*Georg-August-Universität* helfen würde, wenn reiche Katholiken ebenfalls dort studieren könnten. Heute würde man es vermutlich eine wirtschaftspolitische Maßnahme nennen.
Wie auch im Falle der →*Reformierten Kirche* dauerte es eine Weile, bis ein eigenes Bethaus genehmigt wurde. 1774 erwarb man ein Grundstück in der damals ärmsten Gegend der Stadt. Die Turmstraße hieß damals „Klein-Paris" und war eng mit bescheidensten Bretterbuden bebaut. Hier, an der Ecke zur Kurzen Straße, fanden fortan die Gottesdienste statt. 1786 begann man mit dem Bau der Kirche, die laut landesherrlicher Verordnung den Eindruck eines Privathauses machen musste. Das bescheidene Gebäude wurde 1789 eingeweiht und enthielt außer dem Kirchenraum auch die Wohnung für den Priester. Nach meh-

Die Katholische Pfarrkirche St. Michael. Fassade mit Schutzpatron (links) und Innenraum (oben).

reren An- und Umbauten erhielt die Kirche erst 1893 die heutige Fassade mit dem Glockenturm. Seit 1950 ist St. Michael Sitz der Jesuiten. Sie veranlassten zahlreiche Renovierungen. 1982 wurde auf dem Hofgelände ein modernes Gemeindezentrum eingeweiht.

Zu den Angeboten der City- und Passantenpastoral der Gemeinde zählt neben Gesprächsrunden und Stadtrundgängen seit 1990 auch der „Mittagstisch St. Michael", der sich zu einem wichtigen Teil der sozialen Infrastruktur Göttingens entwickelt hat.

Moschee

Sieben islamische Gemeinden gibt es in Göttingen. Die türkische Ditib-Gemeinde begann 2004 mit den Planungen für den Bau einer Moschee am Königsstieg. Nach intensiven Dialogen mit der Bevölkerung und der Stadt konnte das Gebäude im orientalischen Stil Ende des Jahres 2006 seine Tore öffnen. Es ist

die größte Moschee in Norddeutschland.

Entstanden ist ein repräsentatives Gebäude mit zentraler, vergoldeter Kuppel über dem Gebetsraum und zwei kleinen Minaretten an der Straßenseite (oben). In islamisch geprägten Ländern ruft von hier der Muezzin zu den fünf täglichen Gebeten. Da die Moschee aber inmitten der Wohnbebauung liegt – es ist der Gemeinde sehr wichtig, mitten im Leben und nicht auf der „grünen Wiese" präsent zu sein –, wird aus Lärmschutzgründen auf den öffentlichen Ausruf verzichtet.

Im Inneren befindet sich als Kernstück der Gebetssaal (rechts). Er ist auf die „Mihrab" (Gebetsnische) orientiert. Die Gläubigen richten sich bei ihrem Gebet auf die Kaaba, das Zentralheiligtum in Mekka, aus. Auch das Muster der Gebetsteppiche weist in diese „Qibla" (Gebetsrichtung). Erleuchtet wird der Gebetssaal von einem 300 Kilogramm schweren Kronleuchter, in dem 120 Lampen brennen. Er stammt, wie alle Ausstattungsgegenstände, von türkischen Kunsthandwerkern. Eine Teestube und eine kleine Wohnung für Gäste ergänzen die Räumlichkeiten.

Die Ditib-Gemeinden in Deutschland werden vom türkischen Staat, der z. B. den Vorbeter bezahlt, unterstützt. Die Göttinger Gemeinde bietet neben Beratungs-, Bildungs- und Sportangeboten sowie religiöser Unterweisung für ihre Gemeindemitglieder auch die Möglichkeit für Gäste, einfach einmal vorbeizuschauen. Neben der regelmäßigen Teilnahme am „Tag der offenen Moschee" (3. Oktober) dienen Führungen für interessierte Gruppen dem interkulturellen Dialog.

Nabel

Seit der Stadtgründung in der 2. Hälfte des 12. Jahrhunderts bildet die Weender Straße die Hauptverkehrsachse. In der Neuzeit wurde sie Teil der Bundesstraße 3. Im Verlauf von Prinzenstraße und Theaterstraße wurde sie von der Bundesstraße 27 gekreuzt. An diesem Nadelöhr befand sich die erste Ampelanlage Göttingens. Hier standen alle Anwohner direkt im fließenden Verkehr.

Die Anwohner sollen vor Freude getanzt haben, als nach der Einrichtung der Fußgängerzone die Blechlawinen verschwanden. In Erinnerung an diese spontane Party ziert seit 1982 die Bronzeskulptur „Der Tanz“ von Bernd Altenstein den Mittelpunkt der Kreu-

zung. Die Masken in den Händen der Tanzenden erinnern an den venezianischen Karneval (rechts). Der offizielle Name der Skulptur konnte sich jedoch im Alltagsgebrauch nicht durchsetzen.

Der Volksmund nennt die Kreuzung den „Nabel" – nicht der Welt, aber der Stadt. Göttingen verbindet die Infrastruktur einer Großstadt mit dem Le-

bensgefühl einer Kleinstadt, denn fast das gesamte kulturelle Leben konzentriert sich auf den erweiterten Innenstadtbereich. Vom frühen Morgen bis spät in die Nacht hinein ist die Innenstadt darum voller Leben. Die Sitzbank um die Skulptur ist der wohl beliebteste Treffpunkt. Hier verabredet man sich mit Freunden, um dann gemeinsam bummeln zu gehen (links).

Nikolaikirche

Heute wirkt die Nikolaikirche wie eingesunken, denn das moderne Straßenniveau liegt deutlich höher als der Eingang in die gotische Hallenkirche. Archäologische Ausgrabungen haben ergeben, dass der Vorgängerbau auf einem etwa 2 Meter über der Umgebung liegenden Hügel errichtet wurde. Die Straße lag damals also knapp 4 Meter tiefer als heute. Zu Beginn des 13. Jahrhunderts wurde zuerst die Krypta erbaut. Außen schloss sich ein Kirchhof an. „Unter der Traufe" waren zahlreiche Kinderskelette beigesetzt. Das Regenwasser wurde, so dachte man, durch den Kontakt mit dem Kirchendach „geheiligt", die Kinder wurden damit nachgetauft.

Nach mehreren Umbauten in den fol-

Modernes Straßenniveau an einer alten Kirche (unten), Epitaph für Johann Lorenz von Mosheim (rechts), Innenraum (nächste Doppelseite).

genden Jahrzehnten begann man Ende des 13. Jahrhunderts mit dem Bau der heutigen Kirche. Urkundlich erwähnt wird sie erstmals 1256. Das Gebäude wies im Westen ursprünglich eine Doppelturmanlage auf. 1777 stürzte der südliche Turm ein. Daraufhin wurde auch der zweite Turm abgerissen und ein funktionaler Westbau vor das Langhaus gesetzt.

Nach einem wenig rühmlichen Intermezzo als Magazin wurde die Kirche erneut als Sakralraum eingerichtet.

1822 wurde sie anstelle der Paulinerkirche zur Universitätskirche gemacht. Diese war zehn Jahre zuvor umgebaut worden, weil die Bibliothek und der Vorlesungsbetrieb der →*Georg-August-Universität* weitere Räumlichkeiten benötigten. Der hannoversche Architekt Conrad Wilhelm Hase, der den Umbau leitete, war ein Verfechter der Neugotik. Kanzel und Empore sind sein Werk.

Die spätgotische Kreuzigungsgruppe stammt aus dem Dom zu Bardowieck und fand 1988 ihren Weg in die Nikolaikirche.

Bis heute hat die Nikolaikirche die Funktion einer Universitätskirche. Sie wird sowohl von der Evangelischen Studierendengemeinde als auch von der Katholischen Hochschulgemeinde genutzt.

Nikolausberg

Die Einführung der Dreifelderwirtschaft ab dem 9. Jahrhundert führte zu einer Ertragssteigerung. Der daraus resultierende Bevölkerungsanstieg sorgte bald dafür, dass auch magere Böden beackert werden mussten, um die Ernährung sicherzustellen. So entstand auf dem Muschelkalkplateau nördlich von Göttingen das Dorf Ulrideshusen.

Etwa 1150 wurde oberhalb des Dorfes ein Augustinerinnenkloster gegründet und dem heiligen Nikolaus geweiht. Für den Gottesdienst wurde eine romanische Pfeilerbasilika errichtet. Doch es gab große Probleme mit der Wasserversorgung. Deshalb wurde das Kloster zwischen 1180 und 1184 ins Tal nach Weende verlegt. Von den dortigen Klostergebäuden ist außer der Umfassungsmauer nichts erhalten geblieben.

Die Kirche „St. Nikolaus auf dem Berg" entwickelte sich in den folgenden zwei Jahrhunderten zu einem wichtigen Wallfahrtsort. Die Pilger begehrten Ablass, also die Reduzierung von zu erwartenden Jahren im Fegefeuer. Oft führten akute Gebrechen die Gläubigen nach Nikolausberg. Sie brachten ihre erkrankten Glieder als Nachformung in Wachs, Holz oder Metall und schenkten diese dem Heiligen.

Um 1500 wurde das Gebäude zu einer gotischen Hallenkirche umgebaut. Damals bekam die Kirche auch eine Schatzkammer, die sich über der Sakristei befindet. Zugänglich ist sie nur über den Dachboden. Doch der versteckte Zugang nützte nichts. Nach der Einführung der Reformation verschwanden die Reichtümer.

Auch der Name Ulrideshusen verschwand. Man nannte das Dorf nach dem Kloster – Nikolausberg. Nicht verschwunden sind bedeutende Ausstattungsstücke. Ein Tafelaltar aus der Zeit um 1400, ein Schnitzaltar aus dem späten 15. Jahrhundert, ein romanisches Taufbecken sowie romanische und gotische Holzfiguren sind in der reich ausgemalten Kirche erhalten.

Die gotische Hallenkirche thront über dem Dorf (links). Prächtige Malereien und kostbare Ausstattungsgegenstände zeugen von dem einstigen Reichtum des ehemaligen Klosters (rechts).

Nobelpreisträger

Vierundvierzig Mal in seiner einhundertzehnjährigen Geschichte ging der Nobelpreis an Personen, deren Biografie mit Göttingen verknüpft ist. Hinter dem Schlagwort vom „Göttinger Nobelpreiswunder" stecken handfeste Ursachen: Die staatliche Förderung der Naturwissenschaften um 1900 legte den Grundstock. Bis zum Beginn des Zweiten Weltkriegs war Göttingen die Universität mit den meisten Nobelpreisträgern weltweit.

Deren „Spuren" haben sich im Stadtbild in Form von Gedenktafeln und Straßenschildern erhalten. Es gibt jedoch einen Platz, an dem acht von ihnen „präsent" sind, den 1879 angelegten Stadtfriedhof an der Kasseler Landstraße. Auf insgesamt 7,5 Hektar Fläche, einer Mischung zwischen Landschaftsgarten und Waldfriedhof, wurden bis zur Anlage des Friedhofs „Junkernberg" (1975) etwa 40 000 Personen beigesetzt. Darunter sind mehr als tausend Opfer von Krieg und Gewaltherrschaft.

Neben einer Reihe von Professoren und Ehrenbürgern haben hier die Nobelpreisträger Max Born (Physik 1954), Otto Hahn (Chemie 1944), Max von Laue (Physik 1914), Walther Hermann Nernst (Chemie 1920), Max Planck (Physik 1918), Otto Wallach (Chemie 1910), Adolf Windaus (Chemie 1928) und Richard Zsigmondy (Chemie 1925) ihre letzte Ruhestätte

gefunden. Zu Ehren dieser Geistesgrößen wurde 2006 das Nobelpreisträger-Rondell als Denkmal errichtet. Es hat den Grundriss des Gauß'schen Siebzehnecks (oben).

Präsenst sind natürlich auch noch die Lebenden: Manfred Eigen (Chemie 1967) und Erwin Neher (Medizin 1991) leben und forschen in Göttingen und Umgebung. Und gelegentlich kann einem Günter Grass (Literatur 1999) über den Weg laufen, der hier regelmäßig seinen Verleger Steidl aufsucht.

Nordcampus

1965 begannen die Bauarbeiten nördlich der Bundesstraße 27, zwischen Robert-Koch-Straße, Otto-Hahn-Straße und Am Faßberg. In schneller Folge entstanden auf dem Gelände des ehemaligen universitären Versuchsgutes Neubauten für die Tierphysiologie und Tierernährung, Mikrobiologie und Pflanzenpathologie, mineralogische Anstalten, verschiedene forstwissenschaftliche, chemische, geologische und geografische Institute sowie der →*Neue Botanische Garten*. Ausgerüstet mit einer eigenen Mensa, bildet der Nordcampus seitdem den zweiten universitären Schwerpunkt.

Selbst die unter Naturschutz stehenden Feldhamster konnten 1998 die Entwicklung nur verlangsamen, nicht stoppen. Sie haben sich nicht nur mit

den Bauarbeiten für das neue Zentrum für molekulare Biowissenschaften und die physikalische Fakultät arrangniert, die Hamsterpopulation wächst und gedeiht, wie lokale Tierschützer versichern.

Es gibt viel zu entdecken auf dem großflächigen Gelände: →*XLAB* und Primatenzentrum, →*botanische Gärten* und Geopark, Laser-Laboratorium und Astrophysik.

Insbesondere der Geopark hat sich zu einem Geheimtipp entwickelt. Hier kann man einfach mal einen Spaziergang durch die Erdgeschichte unternehmen. Und wen es zu den Sternen treibt, der nimmt an einer der Führungen der Astrophysik teil, denn natürlich hat auch das moderne Gebäude wieder eine →*Sternwarte.* Es ist die vierte in der 275-jährigen Universitätsgeschichte (oben).

Ostviertel

Bis 1800 reichte die Fläche innerhalb des →*Walls* aus, um allen Bewohnern der Stadt Platz zu bieten. Waren es bis dahin lediglich Gartenhäuser und Gaststätten, die sich außerhalb der Stadtbefestigung befanden, so begann mit dem Bau der →*Sternwarte* (1803) vonseiten der Universität eine erste Erweiterung. Doch erst nach dem Bau des Bahnhofs (1852–54) setzten Industrialisierung und Bevölkerungswachstum ein. Zunächst entstanden Werkswohnungen in Bahnhofsnähe und ein Bahnausbesserungswerk mit der →*Lokhalle*.

Ab 1861 entwickelten selbstständige Bauunternehmer auf eigenes Risiko das Ostviertel am →*Hainberg*. Hier entstanden in den folgenden Jahrzehnten repräsentative Bauten auf großen Grundstücken, so z. B. die Merkelstraße Nr. 12 und Nr. 18, Wohnorte der →*Nobelpreisträger* Max Planck und Werner Heisenberg. Die Villa in der Merkelstraße Nr. 4 (1900 von einem reichen Tuchfabrikanten errichtet) beherbergt heute das Goethe-Institut (Bild links).

Mit einer Baumschutzsatzung legte der Bürgermeister, dem die Straße ihren Namen verdankt, den Grundstein für den alten Baumbestand, der das Ostviertel prägt. Zusammen mit der Schillerwiese (nächste Doppelseite), einem 1903–1905 zu Schillers 100. Todestag angelegten Park, entstand so

eine der „grünen Lungen" der Stadt. Hier herrscht immer reges Leben.
Interessant ist der 1935 in den Park versetzte Jérôme-Pavillon (heute: Scharnhorst-Tempel), in dem der Halbbruder von Napoleon Bonaparte das ein oder andere Tête-à-Tête mit der Göttinger Damenwelt gehabt haben soll (oben). Von Juni bis September lockt diese romantische Geschichte aus der Franzosenzeit Heiratswillige zur standesamtlichen Trauung in das klassizistische Tempelchen.

P

Platz der Göttinger Sieben

Nach dem Ende des Zweiten Weltkriegs konnte die →*Georg-August-Universität* ihren Lehrbetrieb relativ zügig wieder aufnehmen. Zwar hatte sie Gebäudeschäden zu beklagen – Anatomie und Bibliothek waren von Bomben schwer getroffen worden –, doch stand viel unzerstörter Wohnraum in der Stadt zur Verfügung. Die britischen Besatzer unterstützten die Wiedereröffnung, denn der Universitätsgründer war auch britischer König gewesen.

Seit 1960 entstand auf dem Gelände des ehemaligen Universitäts-Sportfeldes das Geisteswissenschaftliche Zentrum. Mit dem zentralen Hörsaalgebäude, dem „blauen Turm", Verfügungsgebäude und Häusern für Juristen, Sozialwissenschaftler und evangelische Theologen, entstand erstmals ein zentraler Campus. Den baulichen Abschluss bildet der Neubau der Niedersächsischen Staats- und Universitätsbibliothek (SUB), die 1991 ihren Betrieb aufnahm.

Der Campus trägt die Anschrift „Platz der Göttinger Sieben". Damit wird an prominenter Stelle eines einmaligen Ereignisses in der Universitätsgeschichte gedacht. 1837 widerrief König Ernst August von Hannover die Verfassung, die sein Bruder vier Jahre zuvor erlassen hatte.

Die „Göttinger Sieben“, das sind Wilhelm Eduard Albrecht, Friedrich Christoph Dahlmann, Heinrich Ewald, Georg Gottfried Gervinus, Jacob Grimm, Wilhelm Grimm und Wilhelm Weber, protestierten offiziell gegen diesen Rechtsbruch. Der König reagierte mit Entzug aller Ämter und verwies die Gelehrten des Landes. Sein Verhalten hatte fatale Folgen für Göttingen. Scharenweise verließen die Studenten die Universität, die ein Jahrhundert lang als die fortschrittlichste Aufklärungsuniversität im deutschen Sprachraum gegolten hatte. Der wirtschaftliche Schaden für die Stadt war ebenso groß wie der innenpolitische für den König.

Denkmal für die „Göttinger Sieben“ (links), blauer Turm (Mitte) und die Niedersächsische Staats- und Universitätsbibliothek (unten)

Plesse

Auf diesen Trümmern hab ich auch gesessen, vergnügt getrunken und gegessen ...", reimte Johann Wolfgang von Goethe, nachdem er am 12. August 1801 die Burg Plesse besucht hatte. Neben einer Exkursion auf den →*Hainberg* war dies der einzige Ausflug, den der emsige Denker sich während seines Göttingen-Aufenthalts gönnte. In Begleitung der Professoren

Im Mittelhof befindet sich die Rekonstruktion des romanischen Burggartens. Die Pflanzen sind für die Zeit vor 1250 archäobotanisch nachweisbar.

Meiners und Fiorillo bewegte er sich auf bewährten touristischen Pfaden.
Zum Jahr 1015, in der Lebensbeschreibung des Bischofs Meinwerk von Paderborn erstmals erwähnt, wurde die Plesse seit dem 12. Jahrhundert Stammsitz der gleichnamigen Edelherren und Zentrum der „Herrschaft Plesse". Diese gelangte 1571 an die Landgrafen von Hessen-Kassel und verfiel nach 1660 zunehmend zu einer Ruine.
Genau diese Lage im hessischen Ausland machte die Burg und ihr Umland für die Studenten der →*Georg-August-Universität* interessant. Die Quellen des 18. Jahrhunderts berichten über romantische Tête-à-Têtes, Schatzgräbereien und Duelle, die auf der Ruine stattfanden. Zahlreiche Besucher ließen sich von den noch immer imposanten Baulichkeiten beeindrucken. Zu Goethes Zeiten war die Burg längst Pflichtprogramm für die Angehörigen der Universität und ihrer Gäste – liegt sie doch nur 10 Kilometer nördlich der Stadt im Flecken Bovenden.
1815 dem Königreich Hannover zugeschlagen, wurde sie in der zweiten Hälfte des 19. Jahrhunderts auf Veranlassung von König Georg V. aufwendig restauriert. Aussichtsturm und Gastronomie locken ebenso wie Konzerte, Familientage und wissenschaftliche Vortragsreihen jährlich Tausende Gäste auf die besterforschte Burg Niedersachsens.

Hier saß Goethe 1801 mit dem Picknickkorb. Deshalb trägt der Baum den Namen „Goethe-Linde".

Reformierte Kirche

1529 war Göttingen lutherisch geworden. Bedingt durch die Grenzlage zu Hessen-Kassel, zu dem seit 1571 auch Burg und Herrschaft →*Plesse* gehörten, gab es jedoch zahlreiche Kontakte mit Personen reformierten Bekenntnisses.

Nach der Universitätsgründung setzte ein verstärkter Zuzug von Reformierten ein. 1748 erhielten sie die Erlaubnis, Gottesdienste in Privathäusern abzuhalten. Insbesondere der Schweizer Botaniker und Anatom Albrecht von Haller, Begründer des →*Botanischen Gartens*, war federführend an der Etablierung der reformierten Gemeinde beteiligt. Seinem Wirken ist der Bau der evangelisch-reformierten Kirche an der Unteren Karspüle zu verdanken. Sie wurde durch den Universitätsbaumeister Johann Michael Müller errichtet und 1753 eingeweiht.

Zwar gab es eine Auflage, dass die neue Kirche wie ein „privat Gebäude" aussehen sollte, doch gelang es dem Architekten, reformiertes Selbstverständnis in dem Barockbau Stein werden zu lassen. Der „Tempel", wie die reformierten Kirchen damals genannt wurden, stellt sich von außen als schlichter, längsrechteckiger Bau aus

verputztem Kalkstein mit Dachreiter dar. Die Fenster- und Türgewände sowie die Gebäudeecken sind in Sandstein akzentuiert. Lediglich das Rundbogenportal weist einen reichen Rokokoschmuck auf (links). Das Innere präsentiert sich als oktogonale Saalkirche mit amphitheatralisch aufsteigendem Gestühl, das mit Blick auf den mächtigen Kanzelaltar ausgerichtet ist. Ihm gegenüber tragen „Herrensitz" und ehemaliger „Fürstenstuhl" die Orgel. Entsprechend der reformierten Ausrichtung auf die Verkündigung des Wortes verzichtet die Kirche auf Bildnisse oder Skulpturen (unten).

Ritterplan und Burgfreiheit

Um 1200 errichten die Welfen am Ritterplan den „Bollrutz". Die Anlage erstreckte sich über die heutigen Grundstücke des →*Städtischen Museums* und der benachbarten Berufsbildenden Schule III. Die welfische Stadtburg war ein Symbol der Macht und wurde durch den herrschaftlichen Vogt bewirtschaftet.

An die Stadtburg schloss sich die „Burgfreiheit" an. Dabei handelt es sich um das Gelände zwischen innerer Stadtmauer, Jüdenstraße, Theaterstraße und Oberer Karspüle. Hier nutzten Adelige, die ihre Burgen im Umland hatten, die Möglichkeit, Zugang zum Stadtgeschehen zu erlangen. Belegt ist unter anderem ein →*Plesser* Hof. Die Kemenate des Hardenberger Hofes ging später im Baubestand des Städtischen Museums auf.

Stadtmauer am Ritterplan (unten) und Kleiner Ratskeller in der Jüdenstraße (rechts)

Aus Sicht der Stadtoberen war die Burgfreiheit ein Ärgernis. Die dort Ansässigen unterstanden nicht dem Stadtrecht, zahlten keine Steuern und beteiligten sich nicht an den städtischen Diensten, wie dem Ausbau des →*Walls*.

Archäologische Untersuchungen ergaben, dass die Burg durch ein Grabensystem von der Stadt und der Burgfreiheit abgesetzt war. Die Flucht dieses Grabens ist auf dem Parkplatz hinter dem Museum im Gelände noch erkennbar. 1387 erhoben sich einige niedersächsische Städte gegen den amtierenden Herzog Otto, genannt „der Quade“ (= der Böse). Die Stadtburg wurde von den Göttinger Bürgern erobert und dem Erdboden gleichgemacht.

Die Grundstücke der Burgfreiheit gingen an Privatpersonen über und wurden häufig anders zugeschnitten. Um 1480 wurde in der Jüdenstraße 30 ein gotisches Fachwerkhaus errichtet, das auf drei älteren Kellern steht – ein deutliches Indiz für ältere Grundstücksaufteilungen. Seit 1738 beherbergt es den „Kleinen Ratskeller“, die älteste erhaltene Gaststätte der Stadt.

Saline Luisenhall

Im Jahr 1850 erwarb der Unternehmer Philipp Rohns bei der Stadt Göttingen die Genehmigung, in der damaligen Feldmark (heute Greitweg) nach Salz zu bohren. Er stieß in 450 Meter Tiefe auf einen unterirdischen Salzsee, der vor 250 Millionen Jahren entstanden ist. 1853 begann seine Saline mit der Förderung und Produk-

tion. In den folgenden Jahren wechselten häufiger die Besitzer. 1863 erwarben Louis und Theodor Laporte die Saline und benannten sie nach Luise, der Ehefrau von Louis. Kombiniert mit dem Wort „Hall" für Salz entstand so der Name „Saline Luisenhall". Auch die Nachbesitzer behielten den Namen bei.

Diese Anlage ist die einzige noch produzierende Pfannensaline Europas. Das Salz wird als Sole aus 450 Meter Tiefe gefördert und mit der über 150 Jahre alten Technik verarbeitet. Es wird zunächst in ein 350 000 Liter fassendes Reservoir gepumpt und von dort in große, flache Siedepfannen geleitet. Durch Eindampfen entsteht aus der gesättigten Sole dann Natursalz. Das „Luisenhaller Tiefensalz" behält alle Mineralien und Spurenelemente und ist frei von chemischen Zusätzen. Das Natursalz ist damit bekömmlicher und geschmacksintensiver als herkömmliches Tafelsalz.

Die Saline Luisenhall ist ein Industriedenkmal, kein Museum. Und sie ist gleichzeitig ein regulärer Gewerbebetrieb. Es besteht die Möglichkeit, den laufenden Betrieb im Rahmen von Führungen zu besichtigen. Diese

Siedepfanne (links) und Abfüllung für den Verkauf (oben)

werden von der Tourist-Information Göttingen angeboten.

Ein besonderes Erlebnis ermöglicht das angeschlossene Badehaus. Hier wird ausschließlich die Natursole der eigenen Saline verwendet und auf 35 Grad Celsius erwärmt. Natursolebad, Dampfbad, Inhalation oder Sonnendusche bieten Erholung, Entspannung und Linderung bei Atemwegs- oder Hauterkrankungen.

Städtisches Museum

1883 berief die preußische Regierung den renommierten Germanisten Moritz Heyne nach Göttingen. Als Professor für Deutsche Sprache und Literatur war er maßgeblich an der Weiterführung des „Deutschen Wörterbuchs"

Der Eingang in das 1889 eröffnete Museum

Besonders prägnant ist die historistische Kapelle, die 1889 für die Aufnahme der Kirchenkunst neu errichtet wurde.

der Brüder Grimm beteiligt. Seine Geschichtskenntnis und sein großes Interesse an Sachkultur ließen ihn zum Initiator der Städtischen Altertumssammlung werden.

Gegründet im Jahre 1889, hatte die Sammlung bereits mehrere Stationen in der Stadt hinter sich, als sie 1897 schließlich an den →*Ritterplan* zog. Hier hatte der braunschweigische Kanzler Jagemann 1592 ein Gebäude errichtet, das nach den Besitzern der Jahre 1619 bis 1812 „Hardenberger Hof" genannt wurde. Für den Einzug der Altertumssammlung – das Fremdwort „Museum" vermied man damals noch – musste das Gebäude umgebaut werden. Zu diesem Umbau zählt die Dachgestaltung mit Zwerchhaus und Dachhäusern. Besonders prägend war der Bau der historistischen Kapelle, die nach Heynes Wunsch für die Aufnahme der Kirchenkunst neu errichtet wurde.

An der Seite zur Jüdenstraße hin waren 1670 die Posthalterei und um 1770 die Postremise als Fachwerkhäuser errichtet worden. Diese Gebäude wurden 1912 zum Museum hinzugenommen.

Die Sammlungsgebiete sind so vielfältig wie die Stadtgeschichte selbst. Schon Moritz Heyne hatte archäologische Funde gesammelt und sie der Ausstellung hinzugefügt. Darum ist die Abteilung Ur- und Frühgeschichte neben der Stadtgeschichte, der kirchlichen Kunst des Mittelalters und der Barockzeit, der angewandten Kunst (Porzellan, Fayence, Silber, Glas), den

Der Kopf eines bärtigen Mannes stammt eventuell von dem romanischen Vorgängerbau der →Johanniskirche, von dem noch ein Portal an der Nordseite der heutigen Kirche erhalten ist.

Judaica und der Universitätsgeschichte ein wichtiger Schwerpunkt in der Dauerausstellung. Regelmäßige Sonderausstellungen ergänzen das Angebot des Städtischen Museums.

Sternwarte

Bereits Mitte des 18. Jahrhunderts existierte eine Sternwarte. Sie war in der Turmstraße in einem umgebauten Stadtturm untergebracht. Während der Studienzeit von Carl Friedrich Gauß (links) war die Warte technisch veraltet. Die Stadt sorgte zudem mit viel Licht und noch mehr Herdfeuern für zu viel Helligkeit und noch mehr Smog. Gauß machte daher seine Rückkehr als Professor davon abhängig, dass ihm der Bau einer Sternwarte nach seinen Wünschen zugesichert wurde.

Mit den Planungen wurde 1803 begonnen. Aufgrund der unruhigen politischen Situation – Göttingen gehörte von 1807 bis 1815 zum von Napoleon gegründeten „Königreich Westfalen" – konnte der Bau allerdings erst 1816 fertiggestellt werden. Der Architekt Borheck, der auch das →*Accouchierhaus* entworfen hat, konzipierte eine geometrische Anlage, deren Kernstück die beiden Meridiansäle sind, die das quadratische Entree flankieren. Die Beobachtungsschlitze waren ursprünglich mecha-

nisch zu öffnen und zu schließen. Bei der kürzlich erfolgten Restaurierung wurden sie verglast (oben).

An den eigentlichen Forschungsbereich schlossen sich Räumlichkeiten an, in denen Gauß bis zu seinem Tode 1855 wohnte. Die markante, drehbare Kuppel wurde erst 1887/88 ergänzt.

Das Innenleben der drehbaren Kuppel von 1887/88 (oben und rechts)

Als 1929 das neue Observatorium am →*Hainberg* errichtet wurde, wurden die Beobachtungen an der Geismar Landstraße eingestellt.
Seit 2009 ist die restaurierte, historische Sternwarte Sitz des Lichtenberg-Kollegs. Aus aller Welt kommen Gastwissenschaftler zu Besuch, um im Rahmen des von der Deutschen Forschungsgemeinschaft geförderten Zukunftskonzepts „Tradition – Innovation – Autonomie" ohne Alltagsstress und im interdisziplinären Austausch ihre Forschungen voranzutreiben.

Synagoge

1289 ist ein jüdischer Mitbürger, 1334 eine Synagoge in Göttingen urkundlich erwähnt. Über die Jahrhunderte wechselte die Synagoge mehrfach ihren Standort. Keines der Gebäude ist erhalten.

1872 errichtete die jüdische Gemeinde an der Ecke Obere/ Untere Masch eine Synagoge im Rundbogenstil, die 1895 erheblich erweitert wurde. Die Synagoge fiel mit dem Gemeindehaus am 9. November 1938 dem Naziterror zum Opfer. Die Mikwe (Bild links), das jüdische Ritualbad, blieb unerkannt in der →*Unterwelt*, dem Keller eines Privathauses, erhalten. Auch der jüdische Friedhof, gelegen neben dem →*Stadtfriedhof*, hat den Nationalsozialismus überstanden.

Auf Betreiben der Ratsfrau Dr. Hannah Vogt, Vorsitzende der Göttinger Gesellschaft für christlich-jüdische Zusammenarbeit, wurde 1970 der Bau eines Mahnmals am Standort der ehemaligen Synagoge beschlossen. Es wurde von dem italienischen Künstler Corrado Cagli entworfen und 1973 feierlich eingeweiht.

Auf dem Grundmotiv, dem Davidstern, erhebt sich eine rund sechs Meter hohe, pyramidenförmig ansteigende Röhrenplastik, die nach oben hin spitz zuläuft und an eine Feuerflamme denken lässt. Sie besteht aus

86 gleichschenkligen, immer kleiner werdenden Dreiecken, die um zwei Achsen rotieren (links). In der begehbaren Unterkonstruktion nennen fünf Bronzetafeln die Namen und Geburtsdaten der 282 jüdischen Menschen aus Stadt und Landkreis, die im Nationalsozialismus ermordet wurden.
Das jüdische Leben erlebte eine Wiedergeburt. 2004 konnte in der Angerstraße ein neues Gemeindezentrum eingeweiht werden. Mit viel Engagement und Unterstützung der Bevölkerung gelang es, eine aus dem Jahr 1825 stammende Synagoge aus Bodenfelde dorthin umzusetzen. Sie wurde auf den Tag genau 70 Jahre nach der Zerstörung der alten Synagoge am 9. November 2008 eingeweiht.

Die 2008 eingeweihte Synagoge in der Angerstraße stammt aus Bodenfelde.

Theater im OP

Wer glaubt, Theater sei, dass die Schauspieler oben auf der Bühne agieren und das Publikum unten in Reihen im Saal sitzt, der wird im Käthe-Hamburger-Weg Nr. 3 eines Besseren belehrt. Spielfläche des Theaters im OP (THOP) ist der ehemalige Schau-Operationssaal des alten Universitätsklinikums. Die Zuschauer sitzen auf zwei gegenüberliegenden Rängen in der alten, ziemlich engen Hörsaalbestuhlung und schauen auf die Bühne herab.

Diesen Perspektivwechsel müssen auch die Schauspieler vollziehen. Statt „nach vorn und unten" spielen sie „rundum und nach oben". Das Publikum ist hier hautnah am Geschehen. Und das ist abwechslungsreich genug: Shakespeare im Original kann einem hier genauso begegnen wie hochexperimentelle Interpretationen klassischer Stücke oder die Inszenierung des Gewinnerstücks aus dem letzten Dramatikerwettbewerb. Das THOP bietet nicht nur Eigenproduktionen. Es stellt den „Figurentheatertagen" ebenso eine Spielstätte zu Verfügung wie anderen Theaterensembles auf Gastspielreise. Mit der ehemaligen Notaufnahme steht ein Raum für kleine Inszenierungen oder szenische Lesungen zur Verfügung.

Das THOP ist das größte Studententheater Europas. Es ist organisatorisch an das Seminar für Deutsche Philologie angegliedert. Jedes Semester werden Kurse zu Schauspiel, Regiearbeit, Maske, Beleuchtung oder Bühnenbau angeboten. Neben Fachwissen ist also von allen Beteiligten ein hohes Maß an Teamfähigkeit gefragt. Mitmachen kann prinzipiell jeder. Die Kurse sind offen für Studierende aller Fachrichtungen. Und auch der ein oder andere „graue Kopf", der das Studium längst hinter sich hat, wird gelegentlich gesichtet.

Unterwelt

Die Gründung der →*Georg-August-Universität* im Jahre 1737 hat umfassende bauliche Veränderungen her-

Rote Straße 34: Die Säule im romanischen Keller steht auf dem Kopf.

Rote Straße 34: Bohrloch im Eichenholz – die Dendrochronologie ermöglicht die Ermittlung des Fälldatums.

vorgerufen. Insbesondere die zahlreichen Neubauten des ausgehenden 18. und frühen 19. Jahrhunderts, wie →*Accouchierhaus*, →*Auditorium maximum* oder der →*Wilhelmsplatz,* prägen bis heute neben dem mittelalterlichen →*Fachwerk* das Stadtbild.
Unbeeinflusst davon hat sich alte Bausubstanz im Untergrund erhalten. Romanische und gotische Kellergewölbe verstecken sich unter zahlreichen neuzeitlichen Häusern. Sie zeugen von der ersten Bebauung der Grundstücke und helfen den Wissenschaftlern, dem mittelalterlichen Bebauungsplan der

Stadt auf die Schliche zu kommen. Das Haus „Rote Straße Nr. 34“ ist das älteste private Steinhaus und wurde bereits 1266 errichtet. Im Keller findet man das romanische Gewölbe des ca. 100 Jahre älteren Vorgängerbaus. Es wird von einer umgedrehten Säule aus Sandstein gestützt.
Unter dem →*Alten Rathaus* verbirgt

Schriftkundige Gefängnisinsassen (links, oben) saßen im ehemaligen Heizungskeller ein. Blick von der Dorntze in die Heizkammer (rechts unten), Franziskanerkloake (links unten) und Lichtenbergs Weinkeller (oben).

sich ein mittelalterlicher Heizungskeller, der in späteren Jahrhunderten zum Gefängnis umgewidmet wurde. Graffiti zeugen von der Schriftfertigkeit einiger Delinquenten, die hier auf ihren Urteilsspruch warteten.

Ob der Weinkeller des berühmten Georg Christoph Lichtenberg, die Sammelkloake des ehemaligen Franziskanerklosters oder das jüdische Ritualbad – die Anlagen erzählen viel über Wirtschafts- und Sozialgeschichte. „Der Gang durch Göttingens Unterwelt", der von der Tourist-Information angeboten wird, hat sich zum beliebten Geheimtipp voller Überraschungen für all diejenigen entwickelt, die meinen, die Stadt bereits zu kennen.

Vierkirchenblick

Es gibt einen Punkt in der Altstadt, von dem aus man nicht nur einen Überblick über die Topografie, sondern auch über die Geschichte hat. An der Südseite des Marktes, am Übergang zum Kornmarkt, lädt eine in den Boden eingelassene Metallplatte zum Vierkirchenblick.

„Ex oriente lux – aus dem Osten kommt das Licht", sagten die Kirchenmänner des Mittelalters und meinten damit die geistliche Erkenntnis. Und genau dort – im Osten – erblickt man den ältesten Kirchenstandort Göttingens, die →*Albanikirche*.

An der Südseite des Marktes lädt eine in den Boden eingelassene Metallplatte zum Vierkirchenblick.

Blickt man nach Norden, die ehemalige Fernhandelsstraße entlang, dann zeugt der Turm der →*Jacobikirche* von der wirtschaftlichen Macht der ehemaligen Hansestadt wie auch von Tausenden von Pilgern, die dieser Straße folgten, um ihren Weg nach Santiago de Compostela zu finden.

Die zwei so unterschiedlich gestalteten Türme der →*Johanniskirche* im

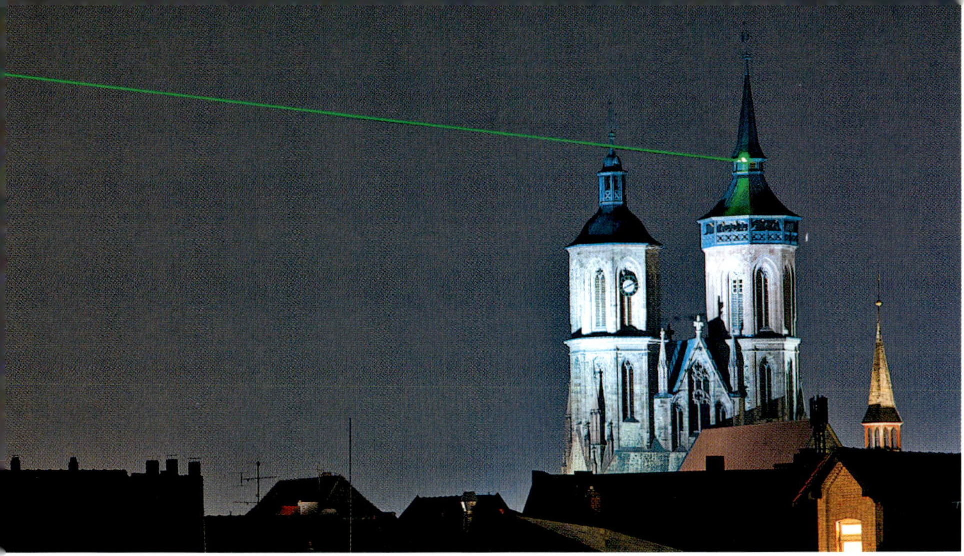

Am Abend markiert ein Laserstrahl die Linie von der Sternwarte zur Johanniskirche.

Westen erzählen gleichermaßen von Gottesfurcht und Glockenklang wie auch von Wachsamkeit und Waffenklang. Diesseits und Jenseits waren für die Menschen, die diese Kirche bauten, untrennbar verbunden.

Die drei Kirchen erlebten Jahrhunderte voller Veränderungen der baulichen und konfessionellen Art. Im Süden steht ihre jüngste Schwester. Die →*Michaelskirche* berichtet von der Religionsfreiheit, die den Angehörigen der Universität im 18. Jahrhundert geboten wurde. Sie war eine wichtige Voraussetzung für die geistige Freiheit, in der insbesondere die Naturwissenschaften sich entwickeln konnten.

Wendet man am Abend den Blick von den Türmen zum Himmel, dann markiert ein Laserstrahl die Linie von der →*Sternwarte* zur Johanniskirche. 1833 zogen Carl Friedrich Gauß und Wilhelm Weber hier eine Telegrafenleitung über die Dächer der Stadt. Mit ihrem elektromagnetischen Telegrafen legten sie den Grundstein für die moderne Telekommunikation.

Völkerkundliche Sammlung

An der →*Georg-August-Universität* nahm die Naturkunde von Beginn an eine wichtige Stellung ein. Viele Professoren besaßen private Sammlungen, die sie zu Demonstrationszwecken ein-

setzten. 1773 erwarb die Universität das Naturalienkabinett des Professors Christian Wilhelm Büttner. Damit war der Grundstock für ein „Academisches Museum" gelegt. Es war das erste seiner Art in Deutschland. Alle Spezialsammlungen der Universität haben sich hieraus entwickelt.

Bedingt durch die Personalunion zwischen dem Kurfürstentum Hannover und dem Königreich Großbritannien, war der wissenschaftliche Blick bereits früh in die Kolonialstaaten gerichtet. Die Teilnahme von Georg Forster und seinem Vater an der zweiten Südseereise Cooks (1772–1775) wurde aufmerksam beobachtet. Dank der Initiative des Naturforschers Johann Friedrich Blumenbach gelang der Ankauf eines Teils der Cook-Sammlung, die 1782 in Göttingen eintraf. 1799 erfolgte der Ankauf eines Großteils der Forstersammlung. Im gleichen Zeitraum erhielt die Universität zahlreiche Schenkungen eines früheren Studenten. Baron von Asch sandte aus St. Petersburg rund 200 Stücke, die aus Sibirien, von den Aleuten, von der nordamerikanischen Pazifikküste und aus Alaska stammten.

Damit besaß Göttingen frühzeitig eine einmalige Sammlung völkerkundlicher Sachkultur aus dem Südseeraum und der Kälteregion der Nordhalbkugel – die meisten europäischen Völkerkundesammlungen entstanden erst in der 2. Hälfte des 19. Jahrhunderts. In den Jahren 1935/36 zog das Institut für Völkerkunde mit seiner ethnografischen Sammlung in einen Neubau am Theaterplatz (links). Die Sammlung umfasst heute etwa 17 000 Stücke und ermöglicht einen Einblick in die kulturellen und künstlerischen Schöpfungen einer Vielzahl von außereuropäischen Ethnien.

Wall

Das Stadtareal des 12./13. Jahrhunderts reicht vom →*Leinekanal* im Westen, über die Untere Karspüle im Norden, führt im Osten entlang der Oberen Karspüle und im Süden entlang von Mauer- und Turmstraße. In verschiedenen Ausbauphasen vom 14. bis 16. Jahrhundert wurden Vororte und Freiflächen in die Wallbefestigung integriert. Bis auf ein sehr kurzes Stück am Albaniplatz ist der Wall bis heute erhalten und lädt ein, die Altstadt komplett zu umwandern (unten).
Was sich heute als Grünfläche mit alten Bäumen, Spazierwegen und Denkmälern darstellt, hatte verteidigungstechnisch große Bedeutung. Im Bereich des →*Cheltenhamparks* ebenso wie im Bereich Bürgerstraße und Berliner Straße waren Stadtgrä-

Nach Gottfried August Bürger ist die Bürgerstraße benannt (oben). Die älteste Linde auf dem Wall wurde um 1765 gepflanzt (links).

ben vorhanden. Rundum gab es zahlreiche Stadttürme, von denen sich nur einer, das →*Bismarckhäuschen,* erhalten hat.
Nachdem sich die Stadt im Siebenjährigen Krieg (1756–1763) vergeblich bemüht hatte, sich gegen die angreifenden Franzosen zu wehren, hatte sie sehr unter den Repressalien der Besatzungszeit zu leiden. Nach Ende des Krieges wurde daher von der Regie-

Der Hirtenbrunnen erinnert an den täglichen Viehaustrieb durch das Groner Tor, der bis in das 19. Jahrhundert üblich war.

Der welfische Löwe am Geismar Tor trägt das Initialwappen der Stadt. Mit dem gekrönten G wurden im Mittelalter die Münzen geprägt.

rung in Hannover eine Entfestung beschlossen, also die Aufgabe und der Rückbau aller verteidigungsrelevanten Bauten. Der Abriss des eigentlichen Walls unterblieb aus Kostengründen und weil er die Steuergrenze der Stadt darstellte.

Stattdessen wurden nur die Türme und Teile der Stadtmauer geschleift, die Wallkrone wurde geebnet und beidseitig mit Bäumen bepflanzt. Die mittelalterlichen Stadttore wurden ebenfalls abgerissen und durch schlichte Torflügelbauten ersetzt. Anfang des 20. Jahrhunderts mussten auch sie dem wachsenden Verkehr weichen. Dort, wo Sackgassen vor dem Wall endeten, wurden Durchbrüche angelegt. Nur der wappentragende Löwe am Geismar Tor erinnert noch an die alten Stadttore.

Wilhelmsplatz

Nur der Name der Barfüßerstraße weist darauf hin, dass es in Göttingen ein Franziskanerkloster gab. Die Bettelmönche waren um 1260 in die Stadt gekommen. Als Zeichen der Demut waren sie barfuß unterwegs. Von ihrer gotischen Hallenkirche ist ebenso wenig erhalten wie von ihren Wohn- und Wirtschaftsgebäuden, dem Kreuzgang und dem Kirchhof. Lediglich ihre Sammelkloake hat in der →*Unterwelt* überlebt.

Vestibül der Universitätsaula

Während der Reformation hatte man die Mönche aus der Stadt vertrieben. Das Kloster wurde geplündert und zum Abriss freigegeben. Die Kirche wurde entweiht und zum Zeughaus umgebaut, um darin Waffen und Pulver zu lagern. Der Kirchhof wurde zum Neuen Markt.

1819 wurde die Kirche abgerissen. Von 1820 bis 1830 wurden auf der West- und Südseite Neubauten für städtische und universitäre Verwaltungszwecke errichtet. In der Alten Mensa war in der 2. Hälfte des 19. Jahrhunderts das städtische Theater untergebracht. Nach einem Brand im Jahr 1887 beschloss man den Neubau des →*Deutschen Theaters* außerhalb des →*Walls.*

1835–37 wurde auf der Nordseite des Areals die Aula errichtet. Der klassizistische Bau weist im Inneren einen repräsentativen Festsaal auf. Die Stirnwand zieren Gemälde und Büsten verschiedener Landesherren, die bis zur

König Wilhelm IV. von Hannover blickt auf „seine" Aula. Mit seinem Tod im Jahre 1837 endete die Personalunion zwischen Hannover und Großbritannien.

Gründung des Deutschen Reiches die Universitätsleitung innehatten. In dem Gebäude, in dem auch der →*Karzer* zu finden ist, residiert der Universitätspräsident. Die Aula ist damit der Mittelpunkt der ansonsten dezentralen →*Georg-August-Universität*.

Den Giebelfries schuf der Architekt und Bildhauer Ernst von Bandel. Er ist auch der Schöpfer des Wilhelmdenkmals, dem der Platz seinen heutigen Namen verdankt. König Wilhelm IV. war der Bauherr der Aula. Allerdings hat er das Gebäude nie zu Gesicht bekommen – er starb kurz vor der Fertigstellung.

XLAB

Wenn man möchte, dass Wissenschaftler gute Leistungen bringen, muss man ihnen die passenden Rahmenbedingungen bieten. Und wenn man möchte, dass Menschen Wissenschaftler werden, dann muss man ihnen die Möglichkeit geben, das angestrebte Berufsfeld frühzeitig kennenzulernen. Das ist die Grundidee des „Experimentallabors für junge Leute" (XLAB). Das XLAB bietet Raum für Schülergruppen, deren schulischer Unterricht gezielt durch experimentelles Arbeiten ergänzt wird. In Kooperation mit den umliegenden Instituten gewinnen die Schüler so einen realistischen Einblick in naturwissenschaftliche Forschung.

Seit 2004 ist das XLAB auf dem →*Nordcampus* beheimatet. Inmitten der Göttinger Naturwissenschaften angesiedelt, sticht es schon als Baulichkeit hervor. Das fünfgeschossige Gebäude ist als Hängehaus konzipiert. Vier „Elefantenfüße" stützen einen

Spannbetonrost, der über dem Dach schwebt. Von dort sind die Deckenränder mit dünnen Stahlseilen abgehängt. Die Fassaden sind aus leuchtend farbig lackierten Stahl-Sandwichpaneelen aufgebaut. So erhält jeder Fachbereich seine eigene Identität und die Leitfarben erleichtern die Orientierung im Gebäude. Blau steht für Informatik und Astronomie, Grün für Biologie, Gelb für Chemie und Rot für Physik. Atrium und Gemeinschaftsräume im Erdgeschoss sorgen dabei für die notwendige interdisziplinäre Vernetzung.

Das XLAB spricht mit seinen Kursen jede Altersklasse an: Von Experimentierkästen für Kindergärten und Grundschule über Fachkurse, Vorbereitungskurse für das Zentralabitur, das Science Center für internationale Studierende bis hin zur Lehrerfortbildung reicht das Angebot. Und wer weiß, vielleicht ist ja ein zukünftiger →*Nobelpreisträger* unter den kleinen und großen Gästen?

Z

Zietenterrassen

Seit Jahrhunderten war Göttingen auch Garnisonsstadt. Es verwundert also wenig, dass auch die Nationalsozialisten den Standort ausbauten. 1936 errichteten sie am Lohberg, unterhalb des →*Hainbergs*, die Zietenkasernen. Daran schlossen sich Schieß- und Exerzierplätze an. Nachdem die Stadt am 8. April 1944 zunächst von den Amerikanern besetzt wurde, rückten kurze Zeit später die Briten ein und übernahmen die Kasernen.

Nach dem Eintritt der Bundesrepublik in die Nato 1955 und der Gründung der Bundeswehr begannen Verhandlungen mit der Stadt über die Anlage eines Standortes. 1957 rückte der Bundesgrenzschutz in die jetzt von den Briten aufgegebenen Kasernen ein. Nach der Wiedervereinigung wurde der Standort 1994 aufgegeben.

Fast alle Kasernen-Blocks wurden bis 2006 saniert und in Wohnquartiere umgewandelt. Die Fahrzeughallen wurden vollständig abgerissen, das umliegende Gelände weitflächig erschlossen. Mit 50 Hektar hat das Areal

Blick vom Hainberg über die Zietenterrassen

Preisgekrönter Wohnungsbau

der Zietenterrassen die gleiche Größe wie die Altstadt. Die Terrassen bilden den höchstgelegenen Wohnplatz der Stadt, 150 Höhenmeter über dem →*Kiessee*, lediglich das Bergdorf →*Nikolausberg* liegt noch höher. Die Nähe zum Wald, die wunderbare Aussicht und die großzügigen Grünflächen machen das Quartier außerordentlich attraktiv. Neben der Wohnbebauung finden sich zahlreiche Sportmöglichkeiten, soziale Einrichtungen sowie Einzelhandel des täglichen Bedarfs. Hinzu kommen Standorte der Hochschule für angewandte Wissenschaft und Kunst Hildesheim/Holzminden/Göttingen (HAWK) und des Measurement Valley, eines regionalen Kompetenznetzwerks in Messtechnik. Preisgekrönt sind die tomatenroten Häuser am Alfed-Delp-Weg, die der italienische Architekt Sergio Pascolo im Auftrag der Städtischen Wohnungsbau Göttingen GmbH entwarf.

Zoologisches Museum

Wie auch die →*Völkerkundliche Sammlung* ist das Zoologische Museum aus dem „Academischen Museum" des 18. Jahrhunderts hervorgegangen. Dessen Kurator war über 50 Jahre der Naturforscher Johann Friedrich Blumenbach. Er gilt als wesentlicher Begründer der wissenschaftlichen Anthropologie und Zoologie. Daher sind beide Fächer an der →*Georg-August-Universität* in einem Institut, das den Namen Johann-Friedrich-Blumenbach-Institut für Zoologie und Anthropologie trägt, vereinigt. Das 1878 errichtete Zoologische Museum an der Berliner Straße ist diesem Institut angegliedert (rechts).

Die Sammlung des Museums dient der systematischen Erforschung der Tierwelt. Für die Forschung besonders wichtig sind die Holotypen, die Originalbelege zur Erstbeschreibung einer Art. Zahlreiche längst ausgestorbene Tierarten sind nur noch in Museen erhalten, die damit zu einem wichtigen Archiv für Biodiversität werden. Im Zoologischen Museum Göttingens existieren z. B. Sammlungen von Vögeln, Reptilien und Amphibien aus der näheren Umgebung, die wichtige Informationen über die Entwicklung der heimischen Fauna liefern.

In den Ausstellungsräumlichkeiten ist nur ein geringer Anteil aller vorhandenen Präparate zu sehen. Die Auswahl beruht auf didaktischen Überlegungen. Insbesondere für Schulklassen ist der Besuch des Museums ein wichtiger Bestandteil des Unterrichts über Artenvielfalt und Evolution.

Im Januar 1998 waren vor der Halbinsel Eiderstedt drei Pottwalbullen gestandet. Eines der Skelette wurde von Mitarbeitern des Museums geborgen und aufwendig präpariert. Allein der Kopf wiegt 1,2 Ton nen und ist 5 Meter lang. Mit einer Gesamtlänge von 17 Metern benötigt das Skelett des Pottwals fast ein Viertel der vorhandenen Ausstellungsfläche.

Literatur

Betty Arndt, Andreas Ströbl: Vom Dorf ... Gutingi ... zur Stadt. Neueste Ergebnisse der stadtarchäologischen Arbeit. Göttingen 2005.

Marianne Bermann, Christian Freigang: Das Aula-Gebäude der Göttinger Universität. Athen im Königreich Hannover. München, Berlin 2006.

Ernst Böhme: Göttingen. Kleiner Führer durch die Stadtgeschichte. Göttingen 2002.

Karl Burmeister, Matthias Heinzel: Die Göttinger Lokhalle im Otto-Hahn-Zentrum. Von der Industrie-Ruine zur vielfältig nutzbaren Mehrzweckhalle. Göttingen 2001.

Bernd Carqué, Hedwig Röcklein (Hg.): Das Hochaltarretabel der St. Jacobi-Kirche in Göttingen. Göttingen 2005.

Dietrich Denecke u. a. (Hg.): Göttingen. Geschichte einer Universitätsstadt. Drei Bände. Göttingen 1987, 1999, 2002.

Jürgen Döring: Geschichte der alten Göttinger Friedhöfe. In: Göttinger Jahrbuch 31 (1983), S. 95–142; Ders.: Grabmäler des 18. Jahrhunderts in Göttingen. In: Ebd. (32) 1984, S. 99–206; Ders.: Göttinger Grabmäler in der ersten Hälfte des 19. Jahrhunderts. In: Ebd. (33) 1985, S. 89–177.

Kornelia Duwe, Carola Gottschalk, Marianne Koerner (Hg.): Göttingen ohne Gänseliesel. Texte und Bilder zur Stadtgeschichte. Gudensberg-Gleichen 1988.

Ilse Fahl: Altar der Jacobi-Kirche Göttingen 1402. Göttingen 1999.

Helga Jörgens: Die Kloster- und Wallfahrtskirche zu Nikolausberg. Göttingen 1980.

Dietrich Hoffmann, Kathrin Maack-Rheinländer (Hg.): „Ganz für das Studium angelegt": Die Museen, Sammlungen und Gärten der Universität Göttingen. Göttingen 2001.

Gudrun Keindorf, Thomas Moritz (Hg.): „Größer noch als Heinrich der Löwe". König Georg V. von Hannover als Bauherr und Identitätsstifter. Duderstadt 2003.

Gudrun Keindorf: Göttingen. Der Stadtführer. Dößel 2006.

Bettina Kratz-Ritter: Das Göttinger Mahnmal am Platz der Synagoge. (Schriften der Göttinger Gesellschaft für christlich-jüdische Zusammenarbeit, Heft 3). Göttingen 2004, [2]2006.

Stefan Liebig, Carolin Köpp-Grünthal (Hg.): Das große Buch über Göttingen, Rosdorf und Bovenden. Stadt mit Tradition und neuen Ideen. Göttingen 2009.

Franciscus Lubecus: Göttinger Annalen. Von den Anfängen bis zum Jahr 1588. Bearbeitet von Reinhard Vogelsang. Göttingen 1994.

Iris Manso: „Gott dem Erlöser und den Gottesdiensten der Reformierten gewidmet 1753". Die spätbarocke Evangelisch-Reformierte Kirche in Göttingen. Göttingen 2009.

Elmar Mittler (Hg.): 700 Jahre Pauliner Kirche. Vom Kloster zur Bibliothek. Göttingen 1994.

Elmar Mittler, Monique Zimon (Hg.): Das Göttinger Nobelpreiswunder. 100 Jahre Nobelpreis. Ausstellungskatalog. Göttingen ²2002.
Elmar Mittler, Fritz Paul (Hg.): Das Göttinger Nobelpreiswunder. 100 Jahre Nobelpreis. Vortragsband. Göttingen 2004.
Thomas Moritz (Hg.): Ein Feste Burg. Die Plesse. Braunschweig 2002.
Günter Neumann: Woher kommt der Name unserer Stadt Göttingen? In: Göttinger Jahrbuch 10 (1961), S. 71–81.
Alfred Oberdiek: Alte Göttinger Altäre. Göttingen 1984.
Alfred Oberdiek: Göttinger Universitätsbauten. 250 Jahre Baugeschichte der Georg-August-Universität. Göttingen 1989.
Bernd Schaller: Synagogen in Göttingen. Aufbrüche und Abbrüche jüdischen Lebens. Göttingen 2006.
Sven Schütte: 5 Jahre Stadtarchäologie. Das neue Bild des alten Göttingens. Göttingen 1984.
Bärbel Schwager: Das Göttinger Auditoriengebäude von 1862/65. Ein Beitrag zur Universitätsarchitektur im 19. Jahrhundert und zur Hannoverschen Variante des Rundbogenstils. Frankfurt am Main 1995.
Dieter Unckenbold, Karl-Heinz Bielefeld: Die Gotischen Pfarrkirchen in Göttingen. Eine kurze Bau- und Stilgeschichte. Göttingen 1953.
Sabine Wehking: St. Michael – Göttingen. 1789-1989. Göttingen 1989.
Jan Wilhelm: Historische Bauforschung für die Denkmalpflege am Beispiel des Gebäudeensembles Rote Straße 16 in Göttingen. In: Göttinger Jahrbuch 45 (1997), S. 55–70.
Jan-Volker Wilhelm: Das Baugeschäft und die Stadt. Stadtplanung, Grundstücksgeschäfte und Bautätigkeit in Göttingen (1861–1924). Göttingen 2006.
Zeitreise. 1050 Jahre Leben in Göttingen. Göttingen 2003.

Göttingen im Internet:

www.altgart.uni-goettingen.de
www.blumenbach-online.de
www.ditib-goettingen.de
www.eiswiese.de
www.erdbebenwarte.de
www.fh-goettingen.de
www.freunde-burgplesse.de
www.goest.de
www.goettingen.de
www.goettingen-tourismus.de
www.goettingerland.de
www.johann-friedrich-blumenbach.de
www.junges-theater.de
www.measurement-valley.de
www.museum.goettingen.de
www.siedesalz.de
www.terrassen-goettingen.de
www.thop.uni-goettingen.de
www.uni-goettingen.de
www.viamus.de
www.walkemuehle-goettingen.de
www.wiki-goettingen.de
www.xlab-goettingen.de
www.zentralratdjuden.de

Inhalt

Titelbild: Gänseliesel auf dem Marktplatz, Fachwerkhäuser in der Johannisstraße, König Wilhelm IV. blickt auf „seine" Aula. Seite 2/3: Die Halle des Alten Rathauses wurde Ende des 19. Jahrhunderts historisch ausgemalt. Mit den zahlreichen Stadtwappen bezeugt Göttingen seine von 1351 bis 1572 währende Mitgliedschaft in der Hanse. Figurengruppen zeigen mittelalterliches Leben. Links neben dem Eingang in die alte Dorntze sind die städtischen Stände, rechts davon der Musiker platziert. Seite 4/5: Am Aufgang zur Laube des Alten Rathauses hält der welfische Löwe das Stadtwappen. 8/9: Göttingen liegt am Übergang vom Leinebergland ins Leinetal – im Grünen lässt es sich hervorragend leben.

Fotos: © Seite 34, 35, 37 Erdbebenwarte Göttingen e. V., Foto: G. Pump; © Seite 50/51, 66, 67, 68/69, 130 Georg-August-Universität, Fotos: G. Pump; © Seite 113 Städtisches Museum, Foto: G. Pump.

Bibliografische Information der Deutschen Nationalbibliothek
Die Deutsche Nationalbibliothek verzeichnet diese Publikation in der Deutschen Nationalbibliografie; detaillierte bibliografische Daten sind im Internet über http://dnb.d-nb.de abrufbar.

Gesamtherstellung: Husum Druck- und Verlagsgesellschaft
Postfach 1480, D-25804 Husum – www.verlagsgruppe.de
ISBN 978-3-89876-547-3

1 Accouchierhaus
2 Albanikirche
3 Altes Rathaus
4 Auditorium maximum
5 Bartholomäusfriedhof
6 Bismarckhäuschen
7 Börner-Viertel
8 Alter Botanischer Garten
9 Cheltenhampark
10 Deutsches Theater
11 Gänseliesel
12 Georg-August-Universität
13 Gipsabdrucksammlung
14 Jacobikirche
15 Johanniskirche
16 Junges Theater
17 Karzer
4 Kunstsammlung der Universität
18 Lokhalle
19 Marienkirche
20 Michaelskirche
21 Nabel
22 Nikolaikirche
23 Platz der Göttinger Sieben
24 Reformierte Kiche
25 Ritterplan und Burgfreiheit
26 Städtisches Museum
27 Sternwarte
28 Synagoge
29 Theater im OP
30 Völkerkundliche Sammlung
31 Wilhelmsplatz
32 Zoologisches Museum